「池田大作大学講演」を読み解く

世界宗教の条件

佐藤優

潮出版社

「池田大作 大学講演」を読み解く

世界宗教の条件

目次

第1章
「大我」と愛のリアリティー◆007
1974年◆カリフォルニア大学ロサンゼルス校
「21世紀への提言——ヒューマニティーの世紀に」

第2章
精神のシルクロードの確立◆019
1975年◆モスクワ国立大学
「東西文化交流の新しい道」

第3章
個別を通して普遍を見る◆031
1980年◆北京大学
「新たな民衆像を求めて」

第4章
地球文明のはるかなる地平◆045
1989年◆フランス学士院
「東西における芸術と精神性」

第5章 ソフト・パワーと縁起◆057
1991年◆ハーバード大学
「ソフト・パワーの時代と哲学」

第6章 時代を見通す宗教人の平和思想◆069
1992年◆ガンジー記念館
「不戦世界を目指して――ガンジー主義と現代」

第7章 近代的自我を超克する「大我」◆083
1993年◆ハーバード大学
「21世紀文明と大乗仏教」

第8章 完成と未完成の相乗作用◆097
1994年◆ボローニャ大学
「レオナルドの眼と人類の議会――国連の未来についての考察」

第9章 平和を実現する三つの転換◆111
1995年◆ハワイ、東西センター
「平和と人間のための安全保障」

第10章 生命尊厳と人間の幸福◆135
1996年◆コロンビア大学ティーチャーズ・カレッジ
「『地球市民』教育への一考察」

第11章 一念の変革と菩薩道の実践◆159
1996年◆キューバ国立ハバナ大学
「新世紀へ 大いなる精神の架橋を」

第12章 「新たな人間復興」と人類の未来◆171
1973年◆創価大学
「創造的人間たれ」

第13章 中世と近代合理主義の超克◆207
1973年◆創価大学
「スコラ哲学と現代文明」
第14章 平和を形成する「発想の母胎」◆233
1974年◆創価大学
「創造的生命の開花を」
第15章 史実に見る〝迫害〟の意味◆259
1981年◆創価大学
「歴史と人物を考察――迫害と人生」
あとがきにかえて
存在論的平和主義について◆296

第1章

「大我」と愛のリアリティー

1974年
カリフォルニア大学ロサンゼルス校
＊＊＊
「21世紀への提言——ヒューマニティーの世紀に」

＊＊＊帝国主義時代を彷彿させる現代世界

池田大作ＳＧＩ（創価学会インタナショナル）会長（創価学会名誉会長）が、諸外国の高等教育機関や研究機関で行った講演《こうえん》の読み解きを行いたい。現在、世界は危機に直面している。国際関係においては、国家のエゴイズムが強まり、かつての帝国主義時代を彷彿《ほうふつ》させるような緊張が強まっている。また、近代の国民国家（ネーション・ステイト）体制の枠組《わくぐ》みで処理することのできないグローバルな深刻な諸問題が生じている。その中には生態系、環境をめぐる危機もあれば、国境を越えるテロリズムの脅威《きょうい》もある。人類が抱える深刻な諸問題と正面から向き合い、その解決について考えているのがＳＧＩだ。

創価学会は日本で生まれた宗教である。ただし、新たな価値を創《つく》り出す創価学会の力は、日本と日本人の枠組みにとどまらず、世界的規模で伸びている。これは、パレスチナの地で、ユダヤ教を母体に生まれたキリスト教が、全世界に拡大していったことと類比的《るいひてき》だ。キリスト教が世界宗教になるときに大きな影響を果たしたのがパウロである。パウロは、ユダヤ教の伝統に通暁《つうぎょう》するとともに、その枠を突破する普遍的《ふへんてき》な思考とそれを言葉に転換する能力を持っていた。

筆者の理解では、池田大作氏の指導の下、創価学会は世界宗教への転換を遂《と》げつつある。この史上稀《まれ》に見る宗教的エネルギーは、池田氏の思想と言葉によって創られている。筆者は、二年にわたって総合月刊誌『潮』で、池田大作氏とアーノルド・トインビー氏の思想の力を対談集『二十一世紀への対話』から読み解き、『地球時代の哲学』として上梓した。そこでの筆者の結論は、〈池田氏は悟りを得たという点では仏であるが、すべての衆生を救うためにわれわれの世界にとどまっている菩薩なのである。二十〜二十一世紀に、池田氏は、救済宗教であるという仏教の本質を復興させた偉大な宗教改革者なのである〉ということであった。

筆者は創価学会員でもなければ、仏教徒でもない。日本基督《キリスト》教団に属するプロテスタント教徒で、同志社大学神学部と同大大学院で神学を専攻した。創価学会に関しては、外部からの観察者である。信仰は異なっても、筆者は創価学会のファンである。そして池田大作氏の思想から強い知的、宗教的刺激を受けている。創価学会の存在が、世界の宗教と思想に大きな変化を与えていることを日本の有識者《ゆうしきしゃ》は過小評価している。

この点に関して、国際社会の方がSGIの活動を通じて、創価学会の力を等身大に評価していると思う。その鍵《かぎ》になるのが、池田氏が持つ世界に通じる普遍的な思想と言葉の力なのである。この点を池田氏のテキストを読み解くことを通して明らかにしたい。

＊＊＊ 中道主義が現代文明の危機を超克する

初回に取り上げるのは、池田氏が一九七四年四月一日に米国カルフォルニア大学ロサンゼルス校で行った「21世紀への提言――ヒューマニティーの世紀に」と題する講演である。この講演は、池田氏がトインビー氏との対談を終えた直後に行われている。創価学会が世界的規模での普遍性を獲得《かくとく》するための基本線を示した重要な講演だ。池田氏はここで中道主義を称揚《しょうよう》する。

> トインビー博士との対話の締《し》めくくりとして、二十一世紀の人類への提言《ていげん》は何か、と問うた時、博士は「二十世紀において、人類はテクノロジーの力に酔《よ》いしれてきた。しかし、それは環境を毒《どく》し、人類の自滅《じめつ》を招くものである。人類は自己を見つめ、制御《せいぎょ》する知恵《ちえ》を獲得《かくとく》しなければならない。そのためには、極端《きょくたん》な放縦《ほうじゅう》と極端な禁欲《きんよく》を戒《いまし》め、中道《ちゅうどう》を歩まねばならない。それが、二十一世紀の人類の進むべき道だと思う」という意味のことを述《の》べておられた。
>
> 私も全《まった》く同感であり、特に「中道」という言葉にひかれた。というのは〝東洋の心〟を流れる大乗《だいじょう》仏法は、中道主義を貫徹《かんてつ》しているからであります。この言葉はアウフヘーベン

（止揚《しよう》）に近い言葉と考えていただきたい。すなわち、物質主義と精神主義を止揚する第三の「生命の道」のあることを、私は確信しております。

　現代文明の蹉跌《さてつ》を矯正《きょうせい》する方途《ほうと》として、具体的な方法論も論じ合いました。しかし、技術的な方法論は、それのみにとどまっては、根本的《こんぽんてき》な解決《かいけつ》をもたらさない。ここで、どうしても「人間とは何か」「生きるとはどういうことか」等々、もう一度原点《げんてん》に踏《ふ》み込む必要を、ともどもに痛感《つうかん》したのでした。いきおい博士との対談は、人間論、生命論といった、根本的なものに重点《じゅうてん》がおかれていったのであります。

　特に印象的《いんしょうてき》であったものの一つに、生命論に関する対話があります。これは、人間が人間を知るための基本的《きほんてき》な論議であり、人間の生命活動こそ、文明を形成《けいせい》する根本の要因《よういん》だからであります。［池田大作『21世紀文明と大乗仏教――海外諸大学講演集』聖教新聞社、一九九六年、八三～八四頁］

池田氏は、対話を通じ、相手の心を開き、思想を質的に異なる次元に高めていくことができる。ドイツ語のAufheben（アウフヘーベン）、すなわち、①解消《かいしょう》すること、②高めること、③保存すること、を同時に意味するこの言葉を中道に対応させるというのは、池田氏の天才的な洞察《どうさつ》だ。池田氏の中道とは、現代文明の危機を超克《ちょうこく》する実践的な方法論なのである。それは動的な概念《がいねん》だ。それだから、池田氏は、トインビー氏との対談で、人間論、生命論に重点を置いたのである。

池田氏にとって、常に真理は具体的だ。人間論、生命論も、対談相手であるトインビー氏の心情を追体験するところから生まれている。この点について池田氏は次のように述べている。

トインビー博士は二度の世界大戦を体験され、戦争が妥協《だきょう》のあり得ないもっとも悪い制度であると叫んでおられる。また最愛《さいあい》の子息《しそく》を亡《な》くされ、言いようのない精神的苦痛《くつう》を味《あじ》わわれた。それらは、博士の関心の大きな部分を、人間の生死《せいし》、ひいては生命の奥《おく》深くに向けさせているようでした。私自身、兄を戦争で亡くしている。戦争ほど悲惨《ひさん》で、残酷《ざんこく》なものはないというのが、私の実感であります。それは生涯《しょうがい》、変わることがないでありましょう。生命をこのうえなく尊厳《そんげん》とする思想を、全人類《ひと》が等しく分《わ》かち持つことが急務《きゅうむ》であると、トインビー博士と私は、強い共感と祈りをもって、確認し合ったのであります。〔前掲書八四〜八五頁〕

＊＊＊仏法では苦しみをどうとらえるか

池田氏は、現実の世界に存在する苦しみから目を逸《そ》らさない。苦しみに関する存在論的考察を、仏教について馴染《なじ》みが薄《うす》い米国の大学生たちにこう説明する。

ご存じの方も多いかと思いますが、仏法の第一歩においては、人生を苦《く》の集積《しゅうせき》であると説《と》いております。生まれ出る苦しみ、老《お》いる苦しみ、病気の苦しみ、そして死ぬ苦しみに代表されますが、愛する者といつかは別《わか》れなければならない苦しみ、求めても得られぬ苦しみ等々、人生には苦しみが充満《じゅうまん》していると説くのであります。

楽しい時間というものは早く去《さ》り、そして必ず壊《こわ》れていく。それを失《うしな》う悲しみが加わって、苦しみを感ずる時間は長い。社会に広がっている貧富《ひんぷ》の差、人種《じんしゅ》、風俗《ふうぞく》の差は、人に楽しみを与えるよりも、苦しみを実感《じっかん》させているように私には思える。

ではなぜ、人は人生に苦しみを感ずるのか。それは「無常《むじょう》」ということを知らないからであると、仏法では教える。無常とは、あらゆる宇宙、人生の現象《げんしょう》で、常住不変《じょうじゅうふへん》のものはないということであります。その原理《げんり》を知らないところから、苦しみが起こるというわけであります。〔前掲書八五〜八六頁〕

さらに苦の問題を、聴衆《ちょうしゅう》の一人ひとりが現実に引き寄せて理解できるようにするために池田氏は、死について、こう論《ろん》じる。

「死」という問題も同じである。私たちが今、こうして生きているのは事実であり、常に死ぬことを考えて生きているわけにはいかない。いつの間にか、自《みずか》らの生《せい》が、いつまでも続くと無意識《むいしき》のうちに考え、その生を保《たも》とうとしてさまざまな努力をする。しかし、その強い執着が、人間にあらゆる苦しみを与えていることも疑《うたが》いない事実である。死ぬことを恐れるからこそ、老《お》いにおびえ、病《やまい》に苦しみ、生を貪《むさぼ》ろうとして果《は》てしなき煩悩《ぼんのう》の泥沼《どろぬま》にもがいているのが、私たちの人生であるともいえるでありましょう。

仏法は、これら無常《むじょう》の変転《へんてん》を明《あき》らかに見つめよと説《と》く。むしろ偉大《いだい》なる勇気《ゆうき》を持ってこの事実を受け入れなければならない、と主張しているのであります。事実から目をそむけ、変化する無常の現象《げんしょう》を追い掛けるのではなく、冷静《れいせい》にその事実を受け止めるところから、真実《しんじつ》の悟《さと》りへの道は開けるといえるのであります。

人生は無常《むじょう》であり、そのゆえに苦《く》の集積《しゅうせき》であり、さらにこの現実の肉体を持つ自己自身も、必ず死ななければならない。その死を恐れずに見つめ、その奥《おく》にあるものをとらえることを、仏法は教えております。

先ほども申し上げたとおり、無常の現象《げんしょう》にとらわれ、煩悩《ぼんのう》のとりこになるのは、決《けっ》して、愚《おろ》かな行為《こうい》と片付けることはできない。というより、人間の生《せい》ある限り、生命の存在がある限り、生に執着《しゅうちゃく》し、愛を大切にし、利《り》を求めるのは、自然な感情だからであります。従来、仏教は、煩悩を断ち、欲を離《はな》れることを教えるものとしてとらえられ、文明の発達《はったつ》の対極《たいきょく》にあるもの、それを阻害《そがい》するものとさえ考えられてきた。

こうしたことは、無常を強調《きょうちょう》する一側面《そくめん》が浮き彫《ぼ》りにされたものであり、これだけが仏教のすべてであると考えるとしたら、仏教の一面的な評価にすぎないと言わざるをえません。〔前掲書八七〜八八頁〕

池田氏は、煩悩を断ち、欲を離れ、無常を強調することが仏教の本質であるという解釈《かいしゃく》を却《しりぞ》ける。なぜならば、そのような解釈は、現実に存在する人間から乖離《かいり》してしまうからである。現実に存在する人間を見据《みす》えないような宗教では、救済が不可能だ。キリスト教において、救済の核心となるのは、神のひとり子であるイエス・キリストが、人間の悲惨《ひさん》な状況の「最も深い底」にまで降りてきた受肉《じゅにく》に求める。罪にまみれ苦しむ人間の現実、仏教的な言葉に置き換えれば、煩悩を神の子(イエス・キリスト)が正面から引き受けることによって、救済が担保《たんぽ》されるのである。

＊＊＊「大我」に生きることが救済への道

池田氏は、「小我《しょうが》」にとらわれず、「大我《たいが》」に生きることを説く。これは、キリスト教文化圏の人々にとっても深く納得できる救済観《きゅうさいかん》である。池田氏の以下の説明は、深い洞察に基づいているので、強い説得力を持つ。

仏教の真髄《しんずい》は、煩悩を断ち、執着を離れることを説《と》いたものでは決《けっ》してない。無常を悟《さと》って、諦《あきら》めを説いた消極的《しょうきょくてき》、虚無《きょむ》的《てき》なものでなく、煩悩や執着の生命の働きを生みだす究《きゅう》極的《きょくてき》な生命の本体や、無常の現実の奥にあり、それらを統合《とうごう》、律動《りつどう》させている常住不変《じょうじゅうふへん》の法のあることを教えたのが、仏法の真髄なのであります。すなわち、無常の現象に目を奪《うば》われ、煩悩に責《せ》められているのは「小我《しょうが》」にとらわれているのであり、その奥《おく》にある普遍《ふへん》的真理《てきしんり》を悟《さと》り、そのうえに立って無常《むじょう》の現象《げんしょう》を包《つつ》み込んでいく生き方こそ「大我《たいが》」に生きるといえましょう。

この「大我」とは、宇宙の根本的《こんぽんてき》な原理《げんり》であり、またそれは同時に、私たちの生命のさまざまな動きを発現《はつげん》させていく、根本的な本体をとらえた「法」であります。

トインビー博士は、この本体を哲学的《てつがくてき》用語で「宇宙の究極《きゅうきょく》の精神的実在《じつざい》」と呼ばれておりましたが、それを人格的なものとしてとらえるより、仏教のごとく「法」としてとらえるのが正《ただ》しいと思うと言っておられました。この「小我《しょうが》」でなく「大我」に生きるということは、決《けっ》して「小我」を捨《す》てるということではない。むしろ「大我」があって「小我」

が生かされるということなのであります。〔前掲書八八〜八九頁〕

「大我」は、目に見えないが確実に存在する。存在とか非存在とかいう概念《がいねん》を超克《ちょうこく》したところに「大我」はある。池田氏の講演を聴いた人々は、「大我」に生きることが救済への道であるということを知るのである。池田氏が言うところの「大我」は、キリスト教が説く愛と親和的《しんわてき》だ。この点について、池田氏はトインビー氏との対話を踏《ふ》まえ、こう述べる。

トインビー博士は、自《みずか》らのエゴにとらわれた欲望を「魔性《ましょう》の欲望」と認識され、それに対し「大我《たいが》」に融合《ゆうごう》する欲望を「愛に向かう欲望」と名づけられました。そして「魔性の欲望」をコントロールするためには、人間一人一人が内なる自己を見つめ、制御《せいぎょ》することが必要不可欠《ふかけつ》であると、二十一世紀への警鐘《けいしょう》として述《の》べられたのであります。

きたるべき二十一世紀の文明は「小我《しょうが》」に支配されてきた文明を打ち破《やぶ》り、「大我《たいが》」を踏《ふ》まえ、無常《むじょう》の奥《おく》にある常住《じょうじゅう》の実在《じつざい》をつかんだうえに立っての円満《えんまん》な発達《はったつ》が要請《ようせい》されるべきであります。それでこそ、初めて人間は、自《みずか》らが人間として自立《じりつ》し、文明は人間の文明になるのであります。そのような意味から、私は、二十一世紀を「生命の世紀」でなければならないと訴《うった》える次第であります（大拍手）。〔前掲書九二〜九三頁〕

キリスト教徒である筆者の言葉で言い換えると、池田氏が説く「大我」によって、われわれは愛のリアリティーを知ることができるのである。

第2章
精神のシルクロードの確立

1975年
モスクワ国立大学
＊＊＊
「東西文化交流の新しい道」

＊＊＊特殊な状況下で行われた講演

池田大作氏が一九七五年五月二十七日にモスクワ国立大学で行った講演「東西文化交流の新しい道」について考察してみよう。まず、この講演が、きわめて特殊な状況下で行われていたことに留意《りゅうい》する必要がある。一九七五年のロシアはソビエト体制下に置かれていた。

特に一九六八年にソ連軍を中心とするワルシャワ条約機構五カ国軍（ソ連、ポーランド、東ドイツ、ハンガリー、ブルガリア。ルーマニアはワルシャワ条約機構に加盟していたが、派兵しなかった）がチェコスロバキアに侵攻した後は、ソ連内でも知識人に対するイデオロギー的締め付けが厳しく行われた。一九七〇年代半ばは、ソ連社会が知的に最も閉塞《へいそく》していた時期だ。

モスクワ国立大学で、宗教について専門的研究を行うことができるのは、哲学部の「科学的無神論学科」だけだった（ちなみに日本外務省研修生としてモスクワ国立大学に留学したとき、筆者は専らこの学科の授業を聞いていた。そして、ソ連崩壊後、一九九二年から「宗教史宗教哲学科」と改名したこの学科で、近現代ドイツ、スイス、チェコのプロテスタント神学について教鞭を執った）。「宗教は、人民の阿片である」（カール・マルクス）というのがソ連共産党の基本的立場だった。

また、ソ連は無神論・無宗教国家を標榜《ひょうぼう》していた。当時はまだブレジネフ書記長が権力を握っている時代で「発達した社会主義」というスローガンを掲《かか》げ、硬直《こうちょく》したイデオロギー教育を行っていた。

そのような状況で、池田氏は、ソ連の公式イデオロギーに抵触《ていしょく》しないように慎重《しんちょう》に言葉を選びつつ、本質的にはソ連の無神論体制を根幹から震撼《しんかん》させる名講演を行った。池田氏は、まず、ロシア文学を切り口にして、聴衆の気持ちをつかんだ。

私たちにとって、ロシア文学の特色は、どのような点にみられるのでしょうか。モスクワ大学の学生である皆さん方を前にして、わかりきったことを言うと思われるかもしれませんが、海外の友人の率直《そっちょく》な感想として聞いていただきたい。——私は、ロシア文学の最大の特色は、すべての民衆の幸福、解放、平和という理想《りそう》に対して、文学はいったい、何をなしうるのか、ということが、常にその目標として高く掲《かか》げられたという点に求められるのではないかと考えるのであります。

文学というものは、一部特権《とっけん》階級の専有物《せんゆうぶつ》では決《けっ》してない。圧制下の飢餓《きが》と貧困《ひんこん》に苦しみ、たび重なる戦乱《せんらん》の犠牲《ぎせい》を強《し》いられる圧倒的《あっとうてき》多数の民衆——、彼らを無視《むし》して文学はありえない。ともすれば芸術至上《しじょう》主義的な、特定のジャンルに限定《げんてい》されがちであったヨーロッパ諸国《しょこく》の文学に対し、ロシア文学に、ほとんどといってよいほどみられる社会問題に対する強い関心というものは、実《じつ》にこの民衆と苦楽《くらく》をともにし、運命《うんめい》共同体として生きようとする真摯《しんし》な求道心《きゅうどうしん》の反映《はんえい》にほかなりません。この求道心こそ、ロシア文学にあらわれる人間群像《ぐんぞう》に、限りない深さを与えているのではないでしょうか。〔池田大作『21世紀文明と大乗仏教――海外諸大学講演集』聖教新聞社、一九九六年、一八〇～一八一頁〕

当時、ソ連の新聞、テレビは、報道の内容が厳しく検閲《けんえつ》されていた。これに比較すると文学作品に対する検閲は緩かった。ロシアの知識人は、文学作品に仮託《かたく》して、自らの政治的見解を、間接話法で伝えた。帝政ロシア時代（一七二一～一九一七年）の〈圧制下の飢餓《きが》と貧困《ひんこん》に苦しみ、たび重なる戦乱《せんらん》の犠牲《ぎせい》を強《し》いられる圧倒的《あっとうてき》多数の民衆〉の文学を語ることは、ブレジネフ体制下のネオ・スターリニズムに対する批判の意味がある。

＊＊＊ 〝徹底性〟というロシアの国民性

さらに、池田氏はロシア文学を通じてロシアの国民性が「パスレーダバチェリノスチ（последовательность）」にあると喝破《かっぱ》する。この言葉は、「徹底性、一貫性」という意味で使われることが多い。「順序、配列」という訳があてられることもある。数学では「数列」の意味だ。池田氏は、「パスレーダバチェリノスチ」についてこう述べる。

話は若干《じゃっかん》、横道にそれますが、ロシア文学を愛好《あいこう》する若い友人と懇談《こんだん》していた時のことであります。談たまたま各国の国民性を象徴《しょうちょう》する言葉は何だろうという話題《わだい》に及びました。例《たと》えば、フランスなら〝エスプリ〟という言葉がある。イギリスの場合は〝ユーモア〟であろう。それではロシアは――ということになって、その友人が言うには、〝パスレーダバチェリノスチ〟だというのです。私はロシア語ができませんから、ちょっと舌をかみそうですが、日本語に訳《やく》すると〝徹底性《てっていせい》〟を意味するのだそうです。物事を一定《いってい》の段階まで究《きわ》めて満足してしまうのではなく、とことんまで究め抜く、頑固《がんこ》なまでの徹底性をさすのだそうです。

私は聞いていて、なるほどと思いました。確《たし》かにロシアの民族、文化の底流《ていりゅう》には、そのような、既成《きせい》の概念《がいねん》に当てはめることのできない何ものかがある。それが文学的造形《ぞうけい》を与えられた時、人種、民族、言語の壁《かべ》を超《こ》えて、人々の心を、胸を揺《ゆ》さぶってやまない、あのゴーリキーの〝チェロヴェーク〟という叫びとなって噴出《ふんしゅつ》するものと思うのであります。もとよりこうした伝統《でんとう》は、一朝一夕《いっちょういっせき》にして形成《けいせい》されたものでは決《けっ》してない。その歴史は古く、いわゆる口伝《くでん》文学や歌謡《かよう》の中に萌芽《ほうが》を見てとることができましょう。古来《こらい》、ロシアほど豊かな民話、ことわざなどを作り出した国民はないことは、よく知られておりますし、大半が民衆自身の創造《そうぞう》になる口伝文学には、主人公が〝悪《あく》〟に挑《いど》み、打ち勝つという内容のものが少なくない。特に地主から苦しめられた農民が、やがて敢然《かんぜん》と立ち上がり、勝利を収《おさ》めるといった風刺《ふうし》的色彩《てきしきさい》の強い物語が数多く作られているということは、ロシアの文学的土壌《どじょう》を示すと同時に、かのツァーリ（皇帝）を打倒《だとう》し、ナポレオン、ヒトラーの侵略《しんりゃく》をもはねのけた、力強い抵抗《ていこう》精神がうかがいしれるのであります。〔前掲書一八三～一八四頁〕

「チェロヴェーク（человек）」とは、ロシア語で人間の意味だ。徹底して人間性を追究していくのがロシアの国民性であると池田氏は考える。池田氏は事柄《ことがら》の本質がわかっている。ロシア人は徹底性によって「かのツァーリ（皇帝）を打倒《だとう》し、ナポレオン、ヒトラーの侵略《しんりゃく》をもはねのけた」のみならず、一九九一年にはあの全体主義的なソ連社会主義体制を解体したのである。一九七五年時点で、池田氏はソ連を解体する原動力がロシア人に内在《ないざい》していることに気づいていた。宗教的天才にしかできない洞察《どうさつ》だ。

＊＊＊文化の持つ普遍性が社会を変える

池田氏は、あえて政治には触れず、文化について語る。創価学会の世界観は、総合的だ。そこから政治を排除《はいじょ》することはできない。池田氏は、このモスクワ国立大学の講演で政治に関するテーマを排除しているのではない。政治を文化に包み込んで、自らの思想を社会主義社会において許容《きょよう》される言語で語っているのだ。池田氏は、文化の持つ普遍性《ふへんせい》に着目してこう述べる。

文化や芸術の領域《りょういき》においては、独自性《どくじせい》は、決《けっ》して普遍性《ふへんせい》と対立するものではありません。独自の個性《こせい》をもつがゆえに普遍的なのであります。あらゆる意味からいって、人類的連帯《れんたい》が急務とされている今日《こんにち》、深く人間性を掘《ほ》り下げたロシアの文化の香気《こうき》が広く人間を触発《しょくはつ》しつつ、今後二十一世紀にわたって人類文化の交流《こうりゅう》に貢献《こうけん》していくことは必然でありましょう。またそこに、皆さん方若き世代《せだい》の使命《しめい》と責任《せきにん》があるのではないかということを、僭越《せんえつ》ながら訴《うった》えたいのであります。［前掲書一八五頁］

ソ連は、外部世界に対して強い警戒感《けいかいかん》を抱いていた。この警戒感を解除するために、文化という切り口で、まずロシア人の心を開かせて、それから国家の扉を外部世界に開かせるというのが池田氏の戦略《せんりやく》だ。池田氏は、世の中を変化させるために、人間革命を先行させる。ロシアにおいても、人間が新しい価値を創《つく》り出すことができるようになれば、自《おの》ずから社会が変化する。

そして、社会が変化すれば、政治や国家も変化する。ソ連という全体主義体制の頭脳《ずのう》であるモスクワ国立大学に、池田氏は「考える種」をまくことに成功した。文化が普遍的に伝播《でんぱ》し、人々を交流させる力を持つ原因について池田氏はこう述べる。

では文化が、かくも広範《こうはん》に伝播《でんぱ》、交流をなした要因《よういん》は、どこにあったのでしょうか。交易《こうえき》、遠征《えんせい》による交《まじ》わりが、文化交流の糸口になったことは当然でありますが、私は、より根本的《こんぽんてき》には、文化それ自体の性格《せいかく》が交流を促進《そくしん》していったと考えるものであります。すなわち、本来、文化の骨髄《こつずい》は、もっとも普遍的《ふへんてき》な人間生命の躍動《やくどう》する息吹《いぶき》にほかなりません。それゆえ、人間歓喜《かんき》の高鳴る調《しら》べが、あたかも人々の胸中に張《は》られた絃《げん》に波動《はどう》し、共鳴音《きょうめいおん》を奏《かな》でるように、文化は人間本来の営《いとな》みとして、あらゆる隔《へだ》たりを超《こ》えて、誰人《だれびと》の心をもとらえるのであります。この人間と人間との共鳴にこそ、文化交流《こうりゅう》の原点《げんてん》があると、私は考えるのであります。したがって、人間性の共鳴を基調《きちょう》とする文化の性格というものは調和《ちょうわ》であり、まさに、武力とは対極点《たいきょくてん》に立つものであります。軍事、武力が、外的な抑《よく》圧《あつ》によって、人間を脅《おびや》かし、支配しようとするのに対し、文化は、内面《ないめん》から人間自身を開花、解放《かいほう》させるものであります。

また武力は、軍事的経済的強大国が弱小国を侵略《しんりゃく》するという、力の論理に貫《つらぬ》かれているが、文化交流というものは、摂取《せっしゅ》という、受け入れ側の主体的な姿勢が前提《ぜんてい》となる。さらに、武力の基底《きてい》に宿《やど》るものが破壊《はかい》であるのに対して、文化の基底に宿るものは創造《そうぞう》であります。

いわば、文化は、調和性、主体性《しゅたいせい》、創造性を骨格《こっかく》とした、強靱《きょうじん》な人間生命の産物であるといえましょう。そして、その開花こそが、武力、権力《けんりょく》に抗《こう》しうる人間解放の道を開く唯《ゆい》一《いつ》の方途《ほうと》であり、あのロシア文学の軌跡《きせき》が、その確《たし》かなる示唆《しさ》を与えていると、私は考える次第です。[前掲書一八七〜一八八頁]

池田氏は、〈文化は人間本来の営《いとな》みとして、あらゆる隔《へだ》たりを超《こ》えて、誰人《だれびと》の心をもとらえるのであります。この人間と人間との共鳴にこそ、文化交流《こうりゅう》の原点《げんてん》があると、私は考えるのでありますす〉と述べる。まさに事柄の本質を衝《つ》いた見解だ。文化は、価値を創造する力がある。まさに創価学会の真髄《しんずい》は、この価値創造力にある。しかし、世の中の少なからぬ人々が、創価学会の価値創造力を認めることができない。それは、価値を受け入れる場合は、池田氏が述べるように、受け入れる側の主体的な姿勢が前提となるからである。社会主義体制下のロシア人の頑《かたく》なな心を開き、文化を受け入れる土壌を作ることを池田氏はこの講演で意図しているのだ。

そして、文化の対立項に武力をあげる。武力での「交流」が戦争だ。ソ連は、一九五六年のハンガリー、一九六八年のチェコスロバキア、一九六九年の中国(ウスリー川の中州ダマンスキー島[中国名・珍宝島])など、隣国《りんごく》との「交流」で武力を用いることが多かったことに対する批判を、このような形態《けいたい》で行ったのである。当時、この講演を聴《き》いたロシア人は、池田氏が言わんとすることを正確に理解したと思う。

***ロシアの本質はユーラシア国家

さらに、池田氏は地政学的観点から、ソ連、ロシアが東西文化、南北文化交流で大きな役割を果たすことができると強調する。

アジアの心も、ヨーロッパの心も、そして「北」の心も、「南」の心も、ソ連には理解できるに相違《そうい》ない。だからこそ、東西文化交流《こうりゅう》に、そしてまた南北文化交流に、ソ連が寄《き》与《よ》すべき任務は多々あると、私は信じたいのであります(拍手)。

とともに、何よりも私は、ロシアの大地に確《たし》かに息《いき》づいている平和への希求《ききゅう》に、最大限《さいだいげん》の敬意《けいい》を表《ひょう》したい。かつて十三世紀からほぼ二世紀にわたって、ロシアはかの有名な「タタールのくびき」に苦しめられた。また西からは、ドイツ騎士団《きしだん》、スウェーデン軍などに侵略《しんりゃく》され、そして、前世紀にはナポレオンの遠征《えんせい》、今世紀にはヒトラーの電撃的侵攻《でんげきてきしんこう》を被《こうむ》ったロシアの大地――そこに生きるロシアの民衆の胸中に培《つちか》われたものは、ほかでもない、いかなる圧制《あっせい》にも強靱《きょうじん》にひたすら生き抜く人間としての気概《きがい》と、かけがえないものとして平和を願望《がんぼう》する純粋《じゅんすい》な心情であったといってよい。今回のソ連再訪問によって、私はこのことを以前にもまして痛感《つうかん》している次第です（拍手）。〔前掲書一九五頁〕

ソ連は本質において、ロシア帝国が拡張《かくちょう》した国家であることを池田氏は正確に理解している。その上でロシアの本質が、ヨーロッパとアジアの双方にまたがるユーラシア国家であることに池田氏は気づいている。ロシアは、スラブ民族によるキリスト教（正教）的な世界ではない。ユーラシア国家であるロシア（ソ連）には、ペルシャ系、チュルク系、フィン系、モンゴル系の諸民族、イスラーム教、仏教、シャーマニズム、アニミズムなども包摂《ほうせつ》されているのである。このようなユーラシアの地政学を生かした「精神のシルクロード」を形成せよと池田氏はモスクワ国立大学の学生、すなわち将来のソ連を担うエリートに呼びかけたのである。

世界市民の心と心に燦然《さんぜん》と輝《かがや》く「精神のシルクロード」を確立《かくりつ》するために、私はあすのソビエト連邦を担《にな》う皆さん方に期待します。皆さんは、きっと平和希求、人間原点《げんてん》というべき貴重《きちょう》なロシアの精神的遺産《いさん》を遺憾《いかん》なく発揮《はっき》させつつ、ソビエト連邦のより一層の発展《はってん》、そしてかけがえのない永続的《えいぞくてき》な世界平和の実現を担《にな》っていくことでありましょう。私ども創価学会も、皆さんとともに、今後も文化交流《こうりゅう》を民衆レベルで推進していくことをお約束します。私はその交流のために生涯《しょうがい》、先頭《せんとう》に立って、誠意《せいい》を尽《つ》くして、世界を駆《か》けるでありましょう。そうした人間交流の舞台で、いつの日かまた皆さんとお会いする日を脳裏《のうり》に描《えが》きつつ、私の話を終わらせていただきます。ありがとうございました（大拍手）。〔前掲書一九五～一九六頁〕

池田大作SGI会長の薫陶《くんとう》を受けたモスクワ国立大学の学生たちは、ソ連崩壊後、ロシアのみならず、中央アジア、トランスコーカサス諸国でも「精神のシルクロード」を確立し、平和的な地域間協力関係を形成する努力を続けている。

第3章

個別を通して普遍を見る

1980年
北京大学
＊＊＊
「新たな民衆像を求めて」

＊＊＊中国文明とは「神のいない文明」

池田大作氏は、常に歴史的現実を意識しながら発言する。一九八〇年四月二十二日に北京《ペキン》大学で池田氏が行った講演「新たな民衆像を求めて」も、当時の中国の情況を踏まえて読み解かなくてはならない。中国では、一九七六年一月八日に周恩来《しゅうおんらい》首相が、同年九月九日に毛沢東《もうたくとう》国家主席が死去した。同年十月六日、文化大革命を推進した「四人組」(江青《こうせい》「毛沢東夫人」、張春橋《ちょうしゅんきょう》、姚文元《ようぶんげん》、王《おう》洪文《こうぶん》)が、逮捕された。これによって文革路線は転換されることになる。一九七八年十二月に開かれた中国共産党第十一期中央委員会第三回総会(三中総)で鄧小平《とうしょうへい》は改革開放路線を打ち出した。ただしイデオロギー的には、社会主義路線を堅持《けんじ》しながら行われる慎重《しんちょう》な政策転換だった。

鄧小平は、一九七九年三月、党の理論活動座談会の席上、旗幟鮮明にこう指摘している――社会主義の道を堅持し、プロレタリアート独裁、つまり人民民主主義独裁を堅持し、共産党の指導を堅持し、マルクス・レーニン主義と毛沢東思想を堅持するというこの四つの基本原則は、「四つの現代化実現の根本的な前提である。」「この四つの基本原則の一つでも動揺させるなら、社会主義事業ぜんたい、現代化建設事業ぜんたいを動揺させることになる」と。かれは、三中総の路線を疑う「左」の傾向を批判すると同時に、「社会改革」の名で資本主義を鼓吹する一部の者の正体をとくに鋭くあばき出し、われわれは資本主義諸国から先進技術その他、われわれに有益なものを計画的、選択的に学びとるが、だからと言って、資本主義制度そのものやさまざまの醜い退廃的なものを学んだり、みちびき入れたりするようなことは絶対にしない、と明確に指摘している。〔中共中央党史研究室『中国共産党小史 下巻』外文出版社、北京、一九九五年、三八七頁〕

このような情況下で、池田氏の講演は行われた。冒頭《ぼうとう》で、池田氏は、中国文明における神の不在について言及《げんきゅう》する。

さて、つい二十日ほど前、日本の著名《ちょめい》な中国文学者・吉川幸次郎博士が亡《な》くなりました。中国にも多くの知己《ちき》を持っていた方ですが、その博士が、中国文明を「神のいない文明」〔『東洋におけるヒューマニズム』講談社学術文庫〕と名づけておりました。確《たし》かに中国文明のどこを探《さが》してみても、キリスト教やイスラム教のような神の存在は見当たりませんし、同じアジアでも、日本やインドでは、古来《こらい》、神話《しんわ》のたぐいが数《かず》多く語り継《つ》がれてきましたが、中国は、孔子《こうし》の「怪力乱神《かいりきらんしん》を語らず」との言葉に象徴《しょうちょう》されるように、おそらく世界でもっとも早く、神話と訣別《けつべつ》した国であります。「神のいない文明」とは、誠《まこと》に言い得て妙であると思うのであります。ところで、そうした中国文明は、人々の人間観《かん》や世界観にどのような特徴をもたらしたでしょうか。浅学《せんがく》を省《かえり》みずに言えば、私は「個別《こべつ》を通して普遍《ふへん》を見る」という言葉に要約《ようやく》できるのではないかと思うのであります。〔池田大作『21世紀文明と大乗仏教——海外諸大学講演集』聖教新聞社、一九九六年、二七三〜二七四頁〕

***「個別を通して普遍を見る」

マルクス・レーニン主義、毛沢東思想においても、科学的無神論がイデオロギーの基礎にある。中国共産党の公式イデオロギーと対立せず、聴講者《ちょうこうしゃ》にとって違和感《いわかん》が少ないテーマを取り上げた池田氏のアプローチは見事である。このような方法を取らないと、中国の知識人が警戒感《けいかいかん》を抱き、真の対話ができなくなるからだ。池田氏は、司馬遷《しばせん》の『史記』に「個別を通して普遍を見る」という中国的思考が端的《たんてき》に現れていると考える。

一例を挙《あ》げれば、司馬遷《しばせん》は『史記《しき》』の「列伝《れつでん》」の冒頭《ぼうとう》で「天道《てんどう》はえこひいきなく、常に善人《ぜんにん》に味方《みかた》する」〔『中国古典文学大系 11』野口定男訳、平凡社〕との説《せつ》を駁《ばく》し、善人が滅《ほろ》び悪人《あくにん》が栄《さか》える歴史的事実を挙げたあと、次のような有名な問いを発しております。

「――わたしははなはだ思い惑《まど》う――いわゆる天道は是《ぜ》なのか、非《ひ》なのか」〔同〕と。

この問いは、日本でもよく知られております。私は、いわゆる「天道」なるものについて言及しようとは思いません。確《たし》かにそこには、儒教《じゅきょう》や道教《どうきょう》の影響《えいきょう》もあるでしょうし、現代からみれば、封建的残滓《ほうけんてきざんし》も数《かず》多く発見されるでしょう。しかし私は、同時にそこには、当時の人々が抱《いだ》いていた、普遍性《ふへんせい》への希求《ききゅう》とも言うべきものがうかがえると思うのであります。


人間と自然とを貫《つらぬ》く、ある種の普遍的な法則性への願望《がんぼう》は、中国民族に限《かぎ》らず人間社会の変わらぬ在り方であったともいえます。そこで私がさらに注目《ちゅうもく》するのは、司馬遷《しばせん》の問いにおいては、「天道《てんどう》」という普遍的な法則性が「是《ぜ》なのか、非《ひ》なのか」との個別《こべつ》の次元《じげん》で鋭《するど》く提起《ていき》されている点であります。

ご存じのように司馬遷は〝李陵《りりょう》の禍《わざわい》〟に連《つら》なって身《み》を宮刑《きゅうけい》に処《しょ》せられております。その無念《むねん》の思いを込めて書き綴《つづ》ったのが『史記《しき》』であることも周知《しゅうち》の事実であります。〝李陵の禍〟は、司馬遷という一個の人間にふりかかった痛《いた》ましい運命であり、その意味で、事の是非、善悪《ぜんあく》を正《ただ》さねばならぬ、際立《きわだ》って個別的な事件でありました。すなわち彼は「天道」をそれ自体として問うているのではなく、我が身の悲劇《ひげき》という個別性のうえに立ち現《あらわ》れた「天道」の是非をただそうとしている。私が「個別を通して普遍を見る」と申し上げたのも、その意味からであります。〔前掲書二七四〜二七五頁〕

そして、比較思想史的観点から、池田氏は、ユダヤ教、キリスト教の影響が強いヨーロッパ文明の「普遍を通して個別を見る」伝統と異なる中国的アプローチにもう一つの世界精神が宿っていると強調する。

これに対し「神のいる文明」例《たと》えばヨーロッパ諸民族の場合などは、中国とは逆《ぎゃく》に、神という「普遍を通して個別を見る」傾向《けいこう》が支配的であったと思うのであります。神は人間の手の届《とど》かぬところからこの世《よ》を支配しており、人間のできることといえば、その絶対普遍の神の摂理《せつり》をどうこの世に実現するかという、神の側から人間の側への一方的な流れだけであります。司馬遷《しばせん》のように、人間の側から「天道」を問うことなど、一切《いっさい》許されない。ヨーロッパの歴史で司馬遷の問いかけが現《あらわ》れるのは、たかだか〝神の死〟が宣告《せんこく》された十九世紀末《まつ》からであります。

したがってヨーロッパの場合、人間や自然をとらえる際、どうしても神というプリズムを通して見てしまう。そのプリズムは、彼らにとっては普遍的《ふへんてき》かもしれませんが、歴史と伝統《でんとう》を異《こと》にする民族にそのまま当てはめようとしても、押し付けにしかすぎません。結果は侵略的《しんりゃくてき》、排外的《はいがいてき》な植民地《しょくみんち》主義が、神のベールをかぶって横行《おうこう》してしまうのであります。「個別を通して普遍を見る」という形で私が要約《ようやく》した、中国民族の伝統には、明《あき》らかにそれとは違った人間観《かん》、世界観がはらまれているように思います。

それは、ある種《しゅ》のプリズムをとおして物事を見るのではなく、現実そのものに目を向け、そこから普遍的な法則性を探《さぐ》り出そうとする姿勢であります。私の親しく交際していた英《えい》国《こく》の歴史家トインビーは、晩年《ばんねん》、中国が世界史の今後の軸《じく》になるだろうとの予感を持っていました。彼はその最大の理由として「長い中国史の流れの中で中国民族が身《み》につけてきた世界精神」を挙《あ》げております。キリスト教には極《きわ》めて批判的《ひはんてき》な彼は、中国史に蓄積《ちくせき》されてきた精神的遺産《いさん》の中に、侵略的色彩《しきさい》の強いヨーロッパの普遍主義とは違った、ある種の世界精神の萌芽《ほうが》を感じとっていたにちがいないと思うのであります。〔前掲書二七五～二七六頁〕

＊＊＊民族の原質を見つめる鋭い視線

池田氏は、トインビー氏の思想をさらに深め、中国知識人に対して、「あなたたちは『個別を通して普遍を見る』という素晴らしい能力が備わっているのだから、恐れずに、改革開放政策を進めればよい」と呼びかける。こうして池田氏は中国を世界に誘っている。そして、池田氏は、普遍につながる個別として、魯迅《ろじん》に着目する。池田氏はこう述べる。

> 魯迅《ろじん》の澄《す》んだ目に私が感ずるのも、民族の原質を見つめる鋭《するど》い視線《しせん》であります。一切《いっさい》のプリズムを排《はい》し、現実そのものを凝視《ぎょうし》しようとする彼は、人間を論ずる場合も、粉飾《ふんしょく》のおおいをはぎとって民衆の原像《げんぞう》に迫《せま》ります。私も愛読者の一人ですが、特に人間が人間を抹《まっ》殺《さつ》して恥《は》じない「食人」をテーマにした『狂人日記《きょうじん》』の末尾《まつび》「人間を食ったことのない子どもは、まだいるかしらん。子どもを救え……」の痛苦《つうく》の叫びは、切り裂《さ》くような倫理《りんり》感《かん》覚《かく》で読者の胸を突《つ》きます。〔前掲書二七七頁〕

池田氏は、魯迅には特定のプリズムによって、事柄《ことがら》をイデオロギー的に解釈《かいしゃく》するのではなく、等身大に見るリアリズムが備わっていると考える。実に鋭い洞察だ。池田氏がここで言及しているのは、『狂人日記』の末尾の部分であるが、その少し前の部分を含めて引用しておく。

十二

考えられなくなった。

四千年来、絶えず人間を食ってきた場所、そこにおれも、なが年暮らしてきたんだということが、きょう、やっとわかった。兄貴が家を仕切っていたときに妹は死んだ。やつが、こっそり料理にまぜて、おれたちにも食わせなかったとはいえない。

おれは知らぬうちに、妹の肉を食わなかったとはいえん。いま番がおれに廻ってきて……

四千年の食人の歴史をもつおれ。はじめはわからなかったが、いまわかった。まっとうな人間に顔むけできぬこのおれ。

十三

人間を食ったことのない子どもは、まだいるかしら?

せめて子どもを……。［魯迅（竹内好訳）『阿Q正伝・狂人日記 他十二篇』岩波文庫、一九八一年、三〇～三一頁］

『狂人日記』の主人公は、自分自身も「人間を食ってきたのではないか」という自責《じせき》の念《ねん》を抱く。この世界で起きる問題について、他者や社会構造に責任を転嫁《てんか》するのとは別の倫理感覚がここにある。これは池田氏自身の倫理感覚に通底《つうてい》するのである。さらに池田氏は魯迅の代表作『阿Q正伝』についてこう述べる。

　また、最下層《さいかそう》の貧農《ひんのう》を扱った『阿《あ》Q正伝《せいでん》・狂人日記』〔竹内好訳、岩波文庫〕で「しかし、わが阿Qはそんな弱虫《よわむし》ではない。かれはいつだって意気軒昂《けんこう》である。これまた、中国の精神文明が世界に冠《かん》たる一証かもしれない」との簡潔《かんけつ》な描写《びょうしゃ》に接するとき、愚鈍《ぐどん》な中にもしぶとく生きる雑草《ざっそう》のように逞《たくま》しい民衆の原像が鮮《あざ》やかに浮《う》かび上がってくるのであります。それは私の脳裏《のうり》に、かつてパリの不良《ふりょう》少年の心奥《しんおう》に「パリーの空気のうちにある観念《かんねん》から生《しょう》ずる、一種の非《ひ》腐《ふ》敗性《はいせい》」〔『レ・ミゼラブル　四』豊島与志雄訳、岩波文庫〕を見いだした、かのビクトル・ユゴーの目を思い出させるのであります。〔前掲書、池田大作『21世紀文明と大乗仏教』二七七〜二七八頁〕

池田氏が言及した部分について前後を含め引用しておく。

ある種の勝利者は、敵が虎《とら》や鷹《たか》であってはじめて勝利の喜びを感じるので、敵が羊《ひつじ》や鶏のひなだと逆に勝利のむなしさを感じるそうだ。また、ある種の勝利者は、征服の完成によって、死ぬものは死に、降伏するものは降伏して、みんな「おそれ多くもお上に言上」式の臣下となり、もはや敵も競争者も友もなく、ひとり、ぽつねんと、さびしく、自分だけ上位に取り残されると勝利の悲哀を感じるそうだ。しかし、わが阿Qはそんな弱虫ではない。かれはいつだって意気軒昂《けんこう》である。これまた、中国の精神文明が世界に冠たる一証かもしれない。〔前掲書、魯迅『阿Q正伝・狂人日記　他十二篇』一一六頁〕

池田氏は、〈魯迅《ろじん》の文学運動は、必ずしも功《こう》を奏《そう》したとは言えないでありましょう。しかし、彼が生涯《しょうがい》の課題としたものは、新中国においても、確実《かくじつ》に受け継《つ》がれていると、私は信じております〉〔前掲書、池田大作『21世紀文明と大乗仏教』二七八頁〕と強調する。文化大革命で中国では、阿Qのような民衆が辛酸《しんさん》をなめた。このような民衆こそが、歴史の主体になることを池田氏は示唆《しさ》しているのだ。

池田氏は、講演の結びでこう述べる。

ともあれ時代は、〝大動乱《だいどうらん》〟の時であります。故・周恩来《しゅうおんらい》首相は、二十一世紀へ至る二十世紀の最後の四半世紀はもっとも重大な時期である、と述《の》べておられました。それだけに民衆同士《どうし》の、国境《こっきょう》を超《こ》えた世界的な連帯《れんたい》がなされなければ、いつまた戦争の惨禍《さんか》にさらされてしまうかわかりません。中国の科学史研究に巨大《きょだい》な足跡《そくせき》を残したジョセフ・ニーダムは、大著《たいちょ》『中国の科学と文明 第一巻――序篇』〔藪内清他監、礪波護他訳、思索社〕の序文《じょぶん》で「今われわれはすべての人種の働く人びとを普遍的《ふへんてき》で協同的な共同体に結び付ける、ひとつの新しい普遍主義の夜明《よあ》けにいる」と述べました。

その「新しい普遍主義」の主役こそ、新《あら》たな民衆、庶民群像《しょみんぐんぞう》でなければならないでありましょう。そして、中国の長大《ちょうだい》なる歴史と現実の歩みは、そうした未来を開拓《かいたく》しゆく、計《はか》り知れぬほどのエネルギーを秘《ひ》めているであろうことを申し上げ、私の話とさせていただきます（大拍手）。〔前掲書二七九頁〕

池田氏は、中国が文化大革命の負の遺産を超克《ちょうこく》し、世界の大国になるためには「新しい普遍主義」が必要であると説く。確かに経済面において、中国は改革開放政策の名の下で、普遍的な資本主義を選択した。しかし、政治面においては、共産党の指導的役割を堅持《けんじ》した特殊な体制を取っている。

二十一世紀において中国が総合的に発展していくためには、政治的にも池田氏が強調する「新しい普遍主義」に大胆に舵《かじ》を切ることが必要になる。

第4章

地球文明のはるかなる地平

1989年
フランス学士院
***
「東西における芸術と精神性」

＊＊＊芸術が持つ「結合の力」

池田大作氏が一九八九年六月十四日にパリのフランス学士院で行った「東西における芸術と精神性」と題する講演は、思想的にきわめて重要な意義を持つ。それは、池田氏が東西の英知を総合して、地球的規模での文明を創造する新たな価値観を提唱しているからだ。池田氏は、芸術にさまざまな価値を結合する力があることを見抜いて、以下の指摘をしている。

古来《こらい》、芸術とは、人間の精神性のやむにやまれぬ発露《はつろ》であり、さまざまな具体的〝かたち〟として結晶《けっしょう》しつつ、そこに巧《たく》まずして、一個の「全一《ぜんいつ》なるもの」を表象《ひょうしょう》するものでありました。

確《たし》かに、個々の芸術活動は、限られた空間《くうかん》内での営《いとな》みであります。しかし、芸術に参画《さんかく》する人々の魂《たましい》には、自《みずか》らの活動という回路《かいろ》を通じて、宇宙的生命ともいうべき「全一なるもの」とつながり、一体化《いったいか》せんとする希求《ききゅう》が脈打《みゃくう》っておりました。つまり、自分というミクロな世界が、宇宙というマクロな世界と融合《ゆうごう》しつつ作り出すダイナミックな一つのいのち――。そこに生きた芸術がある。

人間は、肉体的に〝パン〟を欲《ほっ》するように、精神面においては、そうした「全一なるもの」にひたり、それを呼吸し、そこから蘇生《そせい》の活力を引き出すことを、生き方の基軸《きじく》としてまいりました。

〝パン〟が肉体の新陳代謝《しんちんたいしゃ》に不可欠《ふかけつ》であるのと同様、芸術もまた、その効用《こうよう》は、「心の新陳代謝」になくてはならぬものであったわけであります。アリストテレスがいみじくもカタルシス（浄化《じょうか》）と呼んだのも、芸術のこの働きであったと思われます。

では、なぜ芸術が、人間にとってかくも本然的《ほんねんてき》な営みであり続けたのか。私は、その最大の要因《よういん》を、芸術のもつ「結合《けつごう》の力」に求めることができると思うのであります。

ゲーテの「ファウスト」の独白《どくはく》には、「あらゆるものが一個の全体を織《お》りなしている。一つ一つがたがいに生きてはたらいている」〔『世界古典文学全集　第50巻』大山定一訳、筑摩書房〕とあります。これが生きとし生けるものの実相《じっそう》であるならば、人間と人間、人間と自然、人間と宇宙をも結び合わせ「全一《ぜんいつ》なるもの」を志向《しこう》しゆくところに、芸術の優《すぐ》れて芸術たるゆえんがあるといえましょう。〔池田大作『21世紀文明と大乗仏教――海外諸大学講演集』聖教新聞社、一九九六年、一三〇～一三一頁〕

文明は「結合する力」によって形成される。いわゆる欧米文明は、「コルプス・クリスチアヌム」（キリスト教共同体）と呼ばれるユダヤ教・キリスト教の一神教の伝統、ギリシア古典哲学の伝統、ローマ法の伝統によって形成されている。この三要素が有機体《ゆうきたい》を構成しているのだ。神を否定する近代人の中にも、唯一の正しい事柄が存在するという了解が存する。この了解がなければ自然科学上の発見はできない。このような形で一神教の伝統が生きている。

池田氏が紹介する〈かなり以前のことですが、日本の有名な歌舞伎俳優《かぶきはいゆう》がヨーロッパに遊び、ルーブル美術館で西洋美術の名品の数々を鑑賞《かんしょう》した。そのあと語った感想が「みんな耶蘇《やそ》（キリスト）ではないか」の一言であったというのであります。やや率直《そっちょく》すぎる評言ではありますが、西洋美術が、いかにキリスト教の伝統《でんとう》から生命の水を得てきたかという発見を、素朴《そぼく》に示しております。東洋からの旅人《たびびと》が、西洋美術のなかに身《み》をもって感じ取った「全一《ぜんいつ》なるもの」とは、「耶《や》蘇《そ》」の一言に凝縮《ぎょうしゅく》されているとでもいえましょうか〉〔前掲書一三一～一三二頁〕というエピソードは、「コルプス・クリスチアヌム」の本質を見事に表現している。歌舞伎俳優の一言に、事柄《ことがら》の本質が存在することを瞬時にとらえることができる池田氏は、まさに天才的な洞察力を備えているのである。

＊＊＊「縁起」と「空」の概念

池田氏は「結合の力」を「縁《えん》」とのアナロジー（類比）で次のように説明する。

さて、ここで私は、東洋の仏法の説《と》く「縁《えん》」という概念《がいねん》を用《もち》いて「結合《けつごう》の力」を「結縁《けちえん》の力」と置き換《か》えてみたいと思います。そのほうが、本日のテーマに即《そく》して、問題の所在《しょざい》を、よりはっきりと浮《う》き彫《ぼ》りにできるからであります。

「縁」を「結」ぶということの「縁」とは、仏法の「縁起《えんぎ》」説《せつ》の概念に由《よ》っております。ご存じのように「縁起」説は、釈尊《しゃくそん》以来、仏教の長遠《ちょうおん》な歴史を貫《つらぬ》く骨格《こっかく》ともいうべき考え方でありました。すなわち、仏教では、社会現象《げんしょう》であれ自然現象であれ、何らかの「縁」によって「起」こってくるのであり、それ自体のみで存在するものは何もない、と説いております。これは一言にしていえば、「すべての事実は関係性の中に生《しょう》ずる」と言い換えてもよいのでありますが、ただ関係性というと、空間的《くうかんてき》なイメージが強くなってしまう。それに対し、仏教の「縁起《えんぎ》」とは、時間の要素《ようそ》も加わった、多次元的《たじげんてき》な捉《とら》え方となるのであります。

クローデルやマルローを魅了《みりよう》した、自然と共感、共生《きようせい》している日本人の美意識《びいしき》の根底《こんてい》には、原始的《げんしてき》なアニミズムの要因《よういん》もありますが、より深く、仏教的伝統《でんとう》に因をもつ「縁起」観《かん》も見逃《みのが》してはならないと私は思っております。ちなみに日本の伝統的芸術である茶や生け花、庭、ふすま絵、屏風《びようぶ》などは、それ自体として価値《かち》や意味をもつというよりも、ふさわしい生活空間《くうかん》の〝場〟の中に位置づけられることによって、初めて、その本来の光《ひかり》を発揮《はつき》する――すなわち、〝場〟に「結縁《けちえん》」することによって価値や意味を生《しよう》じてきたのでありますす。連歌や俳諧《はいかい》なども本来、多人数が寄り合う〝場〟なくしては、成り立たない芸術であったことも付言《ふげん》しておきたいと思います。〔前掲書一三四～一三五頁〕

池田氏は、日本人の美意識をアニミズムに還元する傾向を戒《いまし》め、仏教的な「縁起」観の重要性を説く。きわめて重要な指摘だ。ちなみに筆者は同志社大学神学部でキリスト教神学だけでなく、インド仏教も学んだ。初年度は、アビダルマ、二年度は中観《ちゆうがん》、三年度は唯識《ゆいしき》を学んだ。これらの講義を通じて、いわゆる小乗仏教のアビダルマで説かれる「縁起」観の存在論を理解しておくことが、キリスト教と仏教の発想の違いを理解するために不可欠であることを知った。

池田氏は、「空」の概念を「無」と同一視する解釈をとってはならないと、フランス学士院での受講者たちにわかりやすく説明する。

さて、こうした「結縁」によって生起《せいき》する一切《いっさい》の事象《じしょう》の実相《じっそう》を、大乗《だいじょう》仏教では「空《くう》」と説《と》いております。この「空」の概念《がいねん》を「無《む》」と同一視《どういつし》する傾向《けいこう》はいまだ払拭《ふっしょく》されたとはいえないようであります。この点に関しては、仏教側の責任《せきにん》もあり、とくに、世俗的《せぞくてき》価値や欲望《よくぼう》を否定《ひてい》し去《さ》ったところに悟《さと》りの境位《きょうい》を求めた、いわゆる小乗《しょうじょう》仏教は、ニヒリズムと著《いちじる》しく近接《きんせつ》する要素《ようそ》をもっております。

しかし、大乗仏教で説かれる「空」の概念は、ニヒリスティックでスタティック（静的）な小乗的概念とは、百八十度様相《ようそう》を異《こと》にし、刻々《こっこく》と変化し生々躍動《せいせいやくどう》しゆくダイナミックな生命の動きそのものなのであります。

皆さま方に近しい人の言葉を借りるならば、一切の事象を「永遠《えいえん》の相の下」ではなく「持続《じぞく》の相の下」で捉《とら》えようとしたベルクソンの生《せい》の哲学《てつがく》のほうが、よほど大乗的な「空」の概念に親密《しんみつ》であるといってよい。

私は、この大乗《だいじょう》仏教の「空《くう》」が内包《ないほう》しているところの、生々脈動《せいせいみゃくどう》してやまぬダイナミズムを、「創造的《そうぞうてき》生命」と名づけておきたいと思います。

その生命は、時間的、空間的《くうかんてき》な限界《げんかい》を常に乗《の》り越え、乗り越え、小さな自己から大きな自己への超克《ちょうこく》作業に余念《よねん》がありません。すなわち、宇宙本源《ほんげん》のリズムとの共鳴和音《きょうめいわおん》に耳を

傾《かたむ》けながら、日々新《あら》たなる飛躍《ひやく》と自己革新《かくしん》を目指しゆくところに、その面目《めんぼく》があるからであります。〔前掲書一三五～一三六頁〕

フランスの知識人ならば誰でも知っているベルクソンを例にあげて「空」の概念を説明する技法が見事だ。生命自体に価値を創造する力が内在しており、そこから自己革新が生じることを池田氏は力強く語る。この講演の中で、強い説得力がある箇所だ。

＊＊＊法華経に見る創造的生命のダイナミズム

池田氏はダイナミックな生命の動きを法華経に基づいて論ずる。

まず法華経では、時間的にも空間的にも、無限《むげん》、無辺《むへん》の生命の広がりが開示《かいじ》されるとともに、しかもその広がりは、一個の生命の「今」の一瞬《いっしゅん》に包摂《ほうせつ》されゆくという生命の自在《じざい》性《せい》を説《と》き明かしております。

法華経《ほけきょう》の前半では、森羅万象《しんらばんしょう》（諸法《しょほう》）は、根源《こんげん》の一法（実相《じっそう》）に帰一《きいつ》し、その法との合一《ごういつ》を果《は》たすことにより森羅万象が自己の一念に収《おさ》まり、また自己の一念は全宇宙に遍満《へんまん》しゆくことを明かしております。

さらに後半では、無始無終《むしむしゅう》の久遠《くおん》の仏《ほとけ》を説くことによって、生命の永遠性《えいえんせい》を示すのであります。なおかつ過去《かこ》も未来も、現在の一瞬に凝縮《ぎょうしゅく》されてくる。全体を通して、法華経では空間的《くうかんてき》な「合一」と、時間的な「凝縮」とが、〝無障礙《むしょうげ》〟という創造的《そうぞうてき》生命のダイナミズムを形成《けいせい》しているとするのであります。〔前掲書一三六～一三七頁〕

池田氏はここまでで、法華経の世界観について説明した。ヨーロッパ人にとって真理は具体的である。法華経が、実践的な倫理として持つ意味について、池田氏はこう説く。

また創造的生命を、私どもの〝生き方〟からいえば、自己完成への限りなき能動的実践《のうどうてきじっせん》として顕《あらわ》れるともいえましょう。すなわち法華経の諸経中でも際立《きわだ》った特徴は、その「菩《ぼ》薩道《さつどう》」の実践《じっせん》の場を、荒れ狂う厳《きび》しき人間社会の中にあえて求め、そこでこそ自身の生命が磨《みが》かれ、「小我《しょうが》」を超《こ》えた「大我《たいが》」の確立《かくりつ》へといたることを説いている点に見いだせるのであります。〔前掲書一三七頁〕

菩薩は、悟りを開き仏になっているが、衆生を救うためにあえてこの世にとどまる。池田氏は菩薩道を実践している真の宗教人だ。池田氏は上行《じょうぎょう》菩薩と「空」の自在無辺《じざいむへん》なダイナミズムを結びつける。

上行菩薩とは、法華経の説法の座《ざ》で、釈尊が滅後《めつご》の弘法《ぐほう》を託《たく》すために、大地の底より呼び出したとされる無数の菩薩《ぼさつ》の代表者であります。

その仏法上の意義《いぎ》はさておき、それらの菩薩が大地より涌出《ゆじゅつ》する態様《たいよう》が「舞いを舞う」「立って踊る」「踊りてこそ出《い》ず」と、力強く、生気《せいき》に満《み》ちた芸術的イメージで表象《ひょうしょう》されていることに、私は深い感動を覚《おぼ》えるのであります。そこには、生々脈動《せいせいみゃくどう》しゆく創造的《そうぞうてき》生命のダイナミズムが、見事に表象されているといってよい。

私は「表象」という言葉を使いながら、貴国《きこく》の輝《かがや》かしい文学的伝統《でんとう》である〝象徴主義《しょうちょうしゅぎ》〟を思い浮《う》かべております。確《たし》かに、法華経《ほけきょう》自体が、一個の生命の回転《かいてん》のドラマとして説《と》かれているのでありますから、「踊りてこそ出ず」等の表現も、事実の客観描写《きゃっかんびょうしゃ》というよりも、創造的生命の優《すぐ》れて象徴的な描出《びょうしゅつ》と捉《とら》えることもできます。「前掲書一三八〜一三九頁」

池田氏は、受講者に最もわかりやすい譬《たと》えを用いながら、講演を行っている。フランス文芸における象徴主義を念頭に置きながら、上行菩薩のダイナミズムについて説いているのである。上行菩薩が、大地より涌出する態様が「舞いを舞う」「立って踊る」「踊りてこそ出《い》ず」と表現されているのは、〈事実の客観描写《きゃっかんびょうしゃ》というよりも、創造的生命の優《すぐ》れて象徴的な描出《びょうしゅつ》と捉《とら》えることもできます〉という池田氏の説明に、受講者は深くうなずいたことと思う。

さらにこの講演の結びで池田氏が披露した〝芸術頌《しょう》〟が事柄の本質を見事に衝《つ》いている。

かつて　西の文人《ぶんじん》は謳《うた》った
「東は東、西は西――
だが両巨人《きょじん》の相見《あいまみ》えん時
東西も、国境《こっきょう》、出自《しゅつじ》もありえぬ」と
時を同じくして　東の詩人《しじん》も謳った
「東洋も西洋も
人類の祭壇《さいだん》の前に婚《こん》せよ」と

今　芸術は
その手もて　魂《たましい》を誘《いざな》う
心なごむ　癒《いや》しの森へ

天かける　想像力《そうぞうりょく》の花園《はなぞの》へ
いと高き　英知《えいち》の台《うてな》へ
そして
地球文明の　はるかなる地平《ちへい》へ――〔前掲書一四二〜一四三頁〕

池田氏は、欧米の知識人ならば、誰でも知っている、英国の小説家で詩人のジョセフ・ラドヤード・キプリング（一八六五〜一九三六年）の「東は東、西は西（East is East, West is West）……」を取り上げて、地球規模での文明の新たな時代を切り開くことが人間の責務であると説いているのだ。

第5章

ソフト・パワーと縁起

1991年
ハーバード大学
＊＊＊
「ソフト・パワーの時代と哲学」

***

国際秩序の転換点で行われた講演

池田大作氏は、一九九一年九月二十六日に米国のハーバード大学で「ソフト・パワーの時代と哲学」と題する講演を行っている。この講演は、国際秩序が転換する重要な時期において行われたもので、新しい時代をどうみたらよいかについて、池田氏が鋭く切り込んでいる。

池田講演が行われた前後の国際関係について、簡潔《かんけつ》に述べておきたい。八九年十一月にベルリンの壁が崩壊したのをきっかけに中東欧諸国は社会主義体制から離脱《りだつ》した。九一年一月にゴルバチョフ・ソ連大統領は、分離独立傾向を示すリトアニアを鎮圧《ちんあつ》するために正規軍を投入した。首都ビリニュスのテレビ塔付近で独立派のデモ隊とソ連軍が衝突《しょうとつ》した。リトアニアのみならず、ラトビア、エストニアもゴルバチョフの強権姿勢に対して非暴力抵抗路線で対抗した。その結果、ソ連は軍事行動をこれ以上進めることができなくなった。この事件以後、モスクワの中央政府は、沿バルト三国(リトアニア、ラトビア、エストニア)を実効支配できなくなった。九一年八月にはソ連守旧派によるクーデターが鎮圧され、ソ連政府は機能不全《きのうふぜん》に陥《おちい》った。

このような情況で、池田氏の演説は行われたのである。

池田氏は、講演の冒頭で、ソ連の激動について述べる。

さて、世界を震撼《しんかん》させたソ連の政変は、大河のうねりのような歴史の動向——近年、ナイ教授等が指摘《してき》しておられるソフト・パワーの台頭《たいとう》という現象《げんしょう》を一段とクローズアップさせました。

すなわち、歴史の動因《どういん》として、かつては軍事力や権力《けんりょく》、富《とみ》といったハード・パワーが決定的要素《ようそ》であったが、最近はその比重が落ち、知識や情報《じょうほう》、文化、イデオロギー、システムなどのソフト・パワーが、著《いちじる》しく力を増しつつあるということであります。

このことは、ハード・パワーが主役であったかのような湾岸《わんがん》戦争においても、はっきり見てとれます。ハード・パワーの行使《こうし》も、現代では、国連というシステムや、その背後《はいご》にある国際世論というソフト・パワーを無視《むし》しては不可能であった。そうした時流《じりゅう》を、不可《ふか》逆的《ぎゃくてき》なものにしていくことこそ、現代に生きる私どもに課《か》せられた歴史的な使命《しめい》といってよい。

その際、ソフト・パワーの時代を切り拓《ひら》くもっとも大切なキー・ワードとして、私は〝内発的《ないはつてき》なるもの〟ということを申し上げてみたいと思います。〔池田大作『21世紀文明と大乗仏教——海外諸大学講演集』聖教新聞社、一九九六年、三三〜三四頁〕

＊＊＊ ソフト・パワーとは「内発的なもの」

池田氏は、ソフト・パワーの特徴が「内発的なもの」にあると考える。「内発的なもの」とは具体的にどのような性格を持っているのであろうか。池田氏の見解に耳を傾けてみよう。

ハード・パワーというものの習性《しゅうせい》は〝外発的《がいはつてき》〟に、時には〝外圧的《がいあつてき》〟に人間をある方向へ動かしますが、それとは逆に、人間同士《どうし》の合意《ごうい》と納得《なっとく》による〝内発的〟なうながし、内発的なエネルギーを軸《じく》とするところに、ソフト・パワーの大きな特徴があります。

このことは古来《こらい》、人間の精神性や宗教性に根差した広い意味での哲学《てつがく》の本領《ほんりょう》とするところでありました。ソフト・パワーの時代とはいえ、そうした哲学を欠けば、つまり、人間の側からの〝内発的《ないはってき》〟な対応《たいおう》がなければ、知識や情報《じょうほう》がいかに豊富でも、例えば容易《ようい》に権力《けんりょく》による情報操作《そうさ》を許し、〝笑顔のファシズム〟さえ招来《しょうらい》しかねないのであります。

その意味からも、ソフト・パワーの時代を支《ささ》え、加速《かそく》していけるかいなかは、あげて哲学の双肩《そうけん》にかかっていると言っても過言ではないでしょう。

この〝内発性〟と〝外発性《がいはっせい》〟の問題を鋭《するど》くかつ象徴的《しょうちょうてき》に提起《ていき》しているのが、有名な「良《りょう》心例学《しんれいがく》」——事にあたっての良心の在り方を、あらかじめ判例として決めておくこと——をめぐるパスカルのジェスイット攻撃《こうげき》ではないでしょうか。〔前掲書三四〜三五頁〕

ジェスイットとは、カトリックのイエズス会の修道士《しゅうどうし》を指す。イエズス会は十六世紀にプロテスタント教会に対抗するためにイグナティウス・デ・ロヨラによって設立された軍隊型の上意下達の厳しい規律を持つ修道会だ。フランシスコ・ザビエルもイエズス会の幹部で、一五四九年に来日し、宣教《せんきょう》を行った。これに対して、パスカルは、カトリック神学者であるが、神の恩寵《おんちょう》を受けた個人の信仰を重視したコルネリウス・ヤンセン（ジャンセン）の影響を強く受けている。池田氏は、パスカルが人間の内面性を高く評価したことについてこう述べる。

周知《しゅうち》のようにジェスイットは、信仰や布教に際して、良心の従うべき判例の体系を豊富《ほうふ》に整えておりますが、パスカルは、内なる魂《たましい》の在り方を重視《じゅうし》するジャンセニストの立場から、ジェスイット流のそうした外面的規範《きはん》や戒律《かいりつ》が、本来の信仰をどんなに歪《ゆが》めているかを力説してやまないのであります。

例えばインドや中国における「良心例学」を、パスカルは、こう攻撃します。

「かれら（ジェスイット）は偶像崇拝《ぐうぞうすうはい》を、次のような巧妙《こうみょう》なくふうをこらしてさえ、信者たちに許しているのです。衣服の下にイエス・キリストの御姿をかくしもたせ、公《おおやけ》には釈迦《しゃか》や孔子《こうし》の像を礼拝するとみせて、心のなかではイエス・キリストの御姿を礼拝するように教えているのです」〔『世界文学大系 13——プロヴァンシアル』中村雄二郎訳、筑摩書房〕と。

パスカルは、異国《いこく》におけるそのような信仰の在り方そのものを、必ずしも非難《ひなん》しているのではない。確《たし》かに、そのような、やむをえぬ選択《せんたく》を余儀《よぎ》なくされる場合もあるかもしれないが、そこに至るまでに多くの良心《りょうしん》の苦悩《くのう》や葛藤《かっとう》、逡巡《しゅんじゅん》、熟慮《じゅくりょ》、決断があるはずである。それは、良心の内発的《ないはってき》な働きそのものである。にもかかわらず、そうした選択の基準を、あらかじめ判例として外発的《がいはってき》に与えられてしまうと、安易《あんい》にそれに依存《いそん》する結果、良心の働きは逼塞《ひっそく》させられ、マヒし堕落《だらく》してしまう。

「易《やす》きをもとめる多数」へのおもねりでしかない「良心例学《れいがく》」とは、したがってパスカルにとって、良心の自殺的行為《こうい》にほかなりませんでした。

こうしたパスカルの論難は、単にジェスイットやジャンセニストの争いという次元《じげん》を超《こ》えて、広く人間の普遍的《ふへんてき》な良心の在り方という点で、実《じつ》に多くの示唆《しさ》を含《ふく》んでいると私は思います。〔前掲書三五〜三六頁〕

創価学会は民衆を基盤とする宗教である。しかし、多数者に阿《おもね》るようなことはしない。池田大作氏に体現された真実の仏法を布教し、現代社会で分断されアトム(原子)のようになった人間を再結集させ、社会的な基盤を持った民衆にするのである。イエズス会と異なり、安易に世間の慣《かん》習《しゅう》に迎合《げいごう》するような道を創価学会は取らない。

＊＊＊仏法の真髄──「縁起」という思想

池田氏は、宗教の真実の力を甦《よみがえ》らせるために、内発的な力が死活的であるとの認識に基づいてこう述べる。

さて、往昔《おうせき》のそうした内発的《ないはってき》なパワー、エネルギーを、世紀末《まつ》の枯渇《こかつ》した精神の大地に、いかにして蘇生《そせい》させていくか。日本においてもアメリカにおいても、それは容易ならざる作業であります。

その意味からも、私は仏法哲理《てつり》の骨格《こっかく》中の骨格ともいうべき「縁起《えんぎ》」という考え方に、少々言及させていただきたいと思います。

周知《しゅうち》のように仏法では、人間界であれ、自然界であれ、森羅万象《しんらばんしょう》ことごとく、互いに〝因《いん》〟となり〝縁《えん》〟となって支《ささ》え合い、関連しあっており、物事は単独《たんどく》で生《しょう》ずるのではなく、そうした関係性の中で生じていく、と説《と》きます。

これが〝縁《よ》りて起こる〟ということであり、端的《たんてき》にいって〝個別性《こべつせい》〟よりも、むしろ〝関係性〟を重視《じゅうし》するのであります。

また関係性を重視するといっても、その中に個が埋没《まいぼつ》してしまえば、人間は社会の動きに流されていくばかりで、現実への積極的《せっきょくてき》な関《かか》わりは希薄《きはく》になってしまいます。〔前掲書四二〜四三頁〕

池田氏は、ベルクソンの時間論、ホワイトヘッドのプロセス神学にも内発性があると考え、こう指摘する。

仏教史にその傾向《けいこう》が著《いちじる》しく見られることは、ベルクソンや貴《き》大学で長く教鞭《きょうべん》をとっていたホワイトヘッドなどの知性《ちせい》が鋭《するど》く指摘《してき》するところであります。

しかし真《しん》の仏教の真髄《しんずい》はさらにその先に光《ひかり》を当てております。

すなわち、真実《しんじつ》の仏法にあっては、その関係性の捉《とら》え方が際立《きわだ》ってダイナミックであり、総合的であり、内発的《ないはってき》なのであります。〔前掲書四三頁〕

内発性を持つものは、ダイナミックな動きをする。ベルクソンにしてもホワイトヘッドにしても、存在を静止したもの（英語のbeing、ドイツ語のSein）ではなく変容《へんよう》する生成（英語のbecoming、ドイツ語のWerden）でとらえている。池田氏も縁起を生成ととらえているのである。縁起は関係性だ。関係性といっても友好的なものだけに限られない。この点について池田氏はこう述べる。

先ほど、異文化同士《どうし》の接触《せっしょく》がもたらす嫌悪《けんお》と反目に触《ふ》れましたが、関係性といっても、必ずしも友好的《ゆうこうてき》なものばかりとは限らない。〝あちら立てれば、こちら立たず〟といった敵対《てきたい》関係にあることも、しばしばであります。その場合、調和《ちょうわ》ある関係性とはいったい何なのか――やはり、エピソードによるのが一番よいと思います。

ある時、釈尊《しゃくそん》がこう問われた。「生命は尊厳《そんげん》だというけれども、人間だれしも他の生き物を犠牲《ぎせい》にして食べなければ生きていけない。いかなる生き物は殺してよく、いかなる生き物は殺してはならないのだろうか」と。だれもがジレンマに陥《おちい》りやすい素朴《そぼく》な疑問ですが、これに対する釈尊の答えは「殺す心を殺せばよいのだ」というものであります。釈尊の答えは、逃げ口上《こうじょう》でもなければ、ごまかしでもありません。「縁起《えんぎ》」観《かん》に基《もと》づく見事なる解答であります。

生命の尊厳という調和《ちょうわ》ある関係性は、「殺してよい生き物」と「殺してはならない生き物」といった、時に敵対《てきたい》し反目する現象界《げんしょうかい》の表層《ひょうそう》ではなく、深層《しんそう》にまで求めなければならない。

それは単なる客観的《きゃっかんてき》な認識の対象《たいしょう》ではなく、「殺す心を殺す」という人間の主体的生命の内奥《ないおう》に脈打《みゃくう》つ主客未《しゅかくみ》分化《ぶんか》の慈《いつく》しみの境位《きょうい》であります。〔前掲書四三～四四頁〕

創価学会は、菜食《さいしょく》主義を取らない。植物も、生物として命を持つ。ただし動物と異なり、人間に摂取《せっしゅ》される場合でも、痛みは感じない。生きるに当たって、われわれは動物だけでなく、植物の生命も殺しているのである。ここで重要なのは、池田氏が述べるように〈『殺す心を殺す』という人間の主体的生命の内奥《ないおう》に脈打《みゃくう》つ主客未《しゅかくみ》分化《ぶんか》の慈《いつく》しみの境位《きょうい》〉に立つことだ。池田氏は、この認識は、ベルクソンやホワイトヘッドにも通底《つうてい》すると考える。

このダイナミック、総合的、内発的《ないはつてき》な生命の発動《はつどう》は、ベルクソンやホワイトヘッドが指《し》摘《てき》しているような、単なる自我《じが》の消滅《しょうめつ》（無我《むが》）ではなく、自他の生命が融合《ゆうごう》しつつ広がりゆく、小我《しょうが》から大我《たいが》への自我の宇宙大の拡大《かくだい》を志向《しこう》しているのであります。

私どもの信奉《しんぽう》する聖典《せいてん》には「正報《しょうほう》なくば依報《えほう》なし」〔御書一一四〇㌻〕とあります。

「正報」すなわち主観《しゅかん》世界と「依報」すなわち客観世界が二元的《げんてき》に対立しているのではなく、相即不離《そうそくふり》の関係にあるとするのが、仏法の基本的《きほんてき》な生命観、宇宙観であります。と同時に、その相即の仕方は、客体化《きゃくたいか》された二つの世界が一体《いったい》となるといったスタティック（静的《せいてき》）なものではない。「依報《えほう》」である森羅万象《しんらばんしょう》も、「正報《しょうほう》」という内発的《ないはってき》な生命の発《はつ》動《どう》を離《はな》れてありえないという極《きわ》めてダイナミックかつ実践的色彩《じっせんてきしきさい》が強いものであります。要《よう》は、その「正報」である〝内発的なるもの〟をどう引き出すか――。［前掲書四四～四五頁］

＊＊＊他人の不幸の上に幸福を築かない

池田氏は、この問題を、創価学会員の日常生活例に引き寄せて述べる。

「良心例学《りょうしんれいがく》」にならって、ごく身近な例でいえば、私も仏法者として、この精神にのっとって、例えば離婚の問題で相談を受けたような場合、「離婚する、しないは、プライベートな問題で、当然、本人の自由です。しかし〝他人の不幸の上に自分の幸福を築《きず》く〟という生き方は仏法にはない。それを基準に考えてください」と答えております。

ジレンマを伴《ともな》うそうした苦悩《くのう》と忍耐《にんたい》と熟慮《じゅくりょ》の中にこそ、パスカル的意味での良心の内発的なはたらきは、善《よ》きものへと鍛《きた》え上げられ、人間関係を分断《ぶんだん》し、破壊《はかい》する悪《あく》を、最小限《げん》度《ど》に封《ふう》じ込めることができるのではないでしょうか。

そして、このような内発的精神に支《ささ》えられた自己規律《きりつ》、自己制御《せいぎょ》の心ほど、現代に必要なものはないと思われます。

それは、生命の尊厳《そんげん》のみならず、人間関係が希薄化《きはくか》しゆく世界に、ともすれば死語化《しごか》されえ憂慮《ゆうりょ》されている友情、信頼《しんらい》、愛情など、かけがえのない人間の絆《きずな》を瑞々《みずみず》しく蘇生《そせい》していくために、貴重《きちょう》な貢献《こうけん》をなしうるにちがいないからであります。〔前掲書四五頁〕

カトリック教会は、原則として離婚を認めない。ただし、そもそも結婚が成立していなかったという形で、結婚の不成立を認定して、婚姻《こんいん》関係を解消することはある。プロテスタント教会は離婚を禁止していない。もはや愛し合うことがなく、ましてや憎しみを感じる男女が家族として一緒に暮らすことはよくないと考えるからだ。筆者も離婚経験があるが、「他人の不幸の上に自分の幸福を築《きず》く」という生き方だけはしないと心に誓っている。池田思想が、結婚をはじめとするソフト・パワーの分野でも、普遍的に共通する優れた教えであることがわかる。

第6章

時代を見通す宗教人の平和思想

1992年
ガンジー記念館
***
「不戦世界を目指して——ガンジー主義と現代」

＊＊＊創価学会に脈打つ師弟の系譜

池田大作氏にとって平和は何よりも重要な価値を持っている。国際間、民族間の紛争を戦争によって解決することがあってはならないというのが池田氏の信念だ。国際社会が帝国主義的傾向を強める中で、創価学会が平和の砦《とりで》として機能しているのも、池田氏の思想が学会員一人ひとりに体現されているからだ。

一九九二年二月十一日、池田氏はインドのガンジー記念館（研究機関）を訪れて、「不戦世界を目指して――ガンジー主義と現代」と題する重要な講演を行った。池田大作氏と創価学会の平和主義を知るための必読文献である。

池田氏は、まず、この講演を行った二月十一日が特別な日であることを指摘する。

昨年秋、来日された館長とも、お互いの師匠《ししょう》の思い出に触《ふ》れながら、師匠から弟子《でし》へと受け継《つ》がれていく「精神の継承《けいしょう》」をめぐって、ゆっくりと語り合いました。実《じつ》は、本日二月十一日は、私の亡《な》き恩師《おんし》・戸田城聖創価学会第二代会長の誕生日なのであります。恩師は、一九〇〇年の生まれでありますから、ガンジーとは、ほぼ三十歳の年齢差であります。

第二次世界大戦中、ガンジーが、最後の獄中闘争《ごくちゅうとうそう》を行っている時、我が恩師も、日本の軍国主義と戦い、牢獄《ろうごく》にありました。恩師は、ガンジーのごとく、信念《しんねん》の平和主義者でありました。慈愛《じあい》の民衆指導者でありました。独創《どくそう》の歴史変革者《へんかくしゃ》でもありました。

私どもの「平和」と「文化」と「教育」の運動は、すべてこの恩師の精神と行動を受け継《つ》いだものであります。恩師は、こよなく貴国《きこく》を敬愛《けいあい》しておりました。いつの日か、この憧《あこが》れのインドの大地を踏《ふ》み、インドの哲人《てつじん》たちと心ゆくまで語り合いたいと願っておりました。その意味において、私は、この席に恩師と二人して臨《のぞ》んでいるような感慨《かんがい》を禁じえないのであります。〔池田大作『21世紀文明と大乗仏教——海外諸大学講演集』聖教新聞社、一九九六年、二四二頁〕

創価学会第二代会長の戸田城聖氏が、太平洋大戦中の一九四三年七月六日朝、治安維持法違反、不敬罪《ふけいざい》の容疑で逮捕され、豊多摩刑務所で二年におよぶ勾留《こうりゅう》生活を強いられた。

獄中にあった戸田は1944年（昭和19年）の元朝から、毎日1万遍の唱題（南無妙法蓮華経と唱えること）に励み、法華経全巻を読み進めていきました。

法華経を3回繰り返し読み、4回目に入ったとき、一つの壁に突き当たりました。

それは法華経の序説（開経）にあたる無量義経徳行品第一の一節でした。「其の身は有に非ず亦無に非ず　因に非ず縁に非ず自他に非ず……」と34の「非ず」が並んでいる個所です。「其の身」が仏の身を指していることは理解できましたが、34もの否定が何を表現しているのか分かりませんでした。

〝この文は何を意味しているのか〟

――戸田は深く悩み、唱題しては思索し抜く中、3月のある日、「仏とは生命である。自分の命にあり、また宇宙の中にもある、宇宙生命の一実体である」と直観したのです。その後も法華経を読み続けるなかで、戸田は、仏から末法の広宣流布を託された「地涌の菩薩」の一人であるとの使命を深く自覚するとともに、生涯を広宣流布に捧げる決意を定めたのです。［「創価学会公式サイト」］

戸田氏は、一九四五年七月三日に出獄《しゅつごく》した後、獄死《ごくし》した牧口常三郎初代会長の遺志を継いで、命がけで活動する。池田氏は、戸田氏が〈信念《しんねん》の平和主義者でありました。慈愛《じあい》の民衆指導者でありました。独創《どくそう》の歴史変革者《へんかくしゃ》でもありました〉と強調する。

戸田氏から池田氏に継承されている平和主義は、いかなる弾圧《だんあつ》にも屈《くっ》しない強固な信仰に裏づけられているのである。牧口氏、戸田氏、池田氏とガンジーは、平和の精神を共にする偉大な宗教改革者なのである。

＊＊＊ロシア革命は非暴力に対する挑戦

池田氏は、この講演で、世界が一〇〇年に一度の大変動に直面しているという時代認識を示す。

さて、私どもは現在、一世紀に一度あるかないかの大変革期に直面しております。世紀末《まつ》に変動《へんどう》はつきものと言われておりますが、ゴルバチョフ氏のペレストロイカに先導《せんどう》された歴史の流れは、文字通りせきを切られた奔流《ほんりゅう》のように、ペレストロイカそのものをも、飲み込んでしまいました。ベルリンの壁《かべ》の崩壊《ほうかい》からソ連邦の消滅《しょうめつ》に至る、ここ数年の動きは、あらゆる歴史家の予測《よそく》を大きく上回《うわまわ》ってしまいました。

その結果、自由を求める民衆の声は、もはや、いかなる権力《けんりょく》をもってしても抑圧《よくあつ》できないという事実が明《あき》らかになってきた半面、歴史はいかなるイデオロギーや理念《りねん》の指標《しひょう》ももたず、海図《かいず》なき航海《こうかい》を余儀《よぎ》なくされつつあることも否定《ひてい》できません。〔前掲書二四二～二四三頁〕

歴史に通底《つうてい》する真の力をガンジーはつかんでいた。池田氏は、ガンジーが暴力に依拠《いきょ》したロシア革命が究極的勝利を得ることができないと洞察《どうさつ》していたことに着目し、こう述べる。

そうしたカオス（混沌《こんとん》）が強まれば強まるほど、私は、狂瀾怒濤《きょうらんどとう》の逆巻《さかま》く歴史の川面《かわも》の底深く、静かに、訴《うった》えるように語りかけてくるマハトマ・ガンジーの声に耳を傾《かたむ》けざるをえないのであります。

「ロシアで起こっていることは謎《なぞ》です。私はこれまでロシアについてはほとんど語りませんでしたが、ロシアの経験が究極的《きゅうきょくてき》に成功するとはとても思えません。あれは非暴力主義《ひぼうりょく》に対する挑戦《ちょうせん》のように思われます。それは成功しそうに見えますが、その背後《はいご》には力（暴力）があります。社会をその狭《せま》い通路のうちに保《たも》つのに、その力がどのくらいのあいだ有効《ゆうこう》なのか私には分かりません。インド人がロシアの影響《えいきょう》をうけた場合には、極端《きょくたん》な不寛容《ふかんよう》へとみちびかれることになります」（『ロマン・ロラン全集 42――書簡《しょかん》「ガンジーとロマン・ロラン」』蛯原徳夫訳、みすず書房）と。

ご存じのように、この言葉は、一九三一年十二月、スイスのレマン湖畔《こはん》に病身《びょうしん》のロマン・ロランを訪問したガンジーが、ロランに語ったものであります。言うまでもなく、当時は、ファシズムの軍靴《ぐんか》の音が近づくなか、ロシア革命《かくめい》は人類史上の希望の星として、多くの人々の心を捉《とら》えており、ボルシェヴィズムの暗黒面《あんこくめん》であるテロや暴力も、さして表面化していないころであります。

ゆえに、熱烈《ねつれつ》な平和主義者ロランなども、「ガンヂーの革命《かくめい》とレーニンのそれと、二つが、今日《こんにち》、同盟《どうめい》して、旧《ふる》い世界をくつがえし、新しい秩序《ちつじょ》を建設する」〔『ロマン・ロラン全集31――日記』宮本正清・波多野茂弥訳、みすず書房〕ための架橋《かきょう》作業に、腐心《ふしん》しておりました。そうした時期だけに、限られた情報《じょうほう》のもと、もっぱら体験によって鍛《きた》え上げられた曇《くも》りなき目で、暴力《ぼうりょく》や不寛容《ふかんよう》というボルシェヴィズムの宿命的《しゅくめいてき》ともいうべき悪《あく》をえぐっているガンジーの先見性《せんけんせい》は特筆《とくひつ》されてよいでありましょう。

ソ連邦崩壊《ほうかい》の決定打となった昨年八月のクーデター失敗の直後、モスクワの広場で秘密《ひみつ》警察《けいさつ》の創設者《そうせつしゃ》ジェルジンスキーの巨大《きょだい》な像《ぞう》が引きずり倒され、民衆の足蹴《あしげ》にされる映像《えいぞう》を見つめながら、先入観《せんにゅうかん》にとらわれず、一直線《いっちょくせん》に物事の本質《ほんしつ》に迫《せま》るガンジーの眼識《がんしき》の確《たし》かさを、私は改《あらた》めて痛感《つうかん》した一人であります。〔前掲書二四三～二四四頁〕

池田氏はここでソ連崩壊を予測していたガンジーの眼識《がんしき》の確かさを賞賛するが、筆者の理解では、池田氏もガンジーと同じ眼識を持っていた。池田氏は、それに加え、宗教人として、ソ連の政治エリートに働きかけ、ソ連において宗教政策が緩和《かんわ》される方向に現実的な影響を与えた。物事を洞察するだけでなく、変化させていくという実践に池田思想の特徴があると筆者は考える。

＊＊＊ガンジー主義から学ぶ四つの遺産

池田氏は、ガンジー主義から学ぶ遺産として、「楽観《らっかん》主義」、「実践《じっせん》」、「民衆」観《かん》、「総体性」の四つをあげる。

池田氏は、ガンジーの楽観主義についてこう評価する。

また「わたしは手に負《お》えないオプティミストです。わたしのオプティミズムは、非暴《ひぼう》力《りょく》を発揮《はっき》しうる個人の能力《のうりょく》の、無限《むげん》の可能性への信念にもとづいています」〔マハトマガンディー『わたしの非暴力 I』森本達雄訳、みすず書房〕と。ここに明《あき》らかなように、ガンジーの「楽観主義」は、客観情勢《きゃっかんじょうせい》の分析《ぶんせき》や見通しに依拠《いきょ》して生み出されたものでは決《けっ》してない。それでは単なる相対論《そうたいろん》でしかありません。正義といい、非暴力といい、徹底《てってい》した自己洞察《どうさつ》の結果、無条件に己《おの》が心中に打ち立てられた、人間への絶対的な信頼《しんらい》であり、死をもってしても奪《うば》い取ることのできない不壊《ふえ》の信念《しんねん》であった。

私はそこに、常に己《おのれ》に立ち返ることから出発する、東洋の演繹的発想《えんえきてきはっそう》の粋《すい》を見る思いがするのであります。

無条件なるがゆえに、そこには永遠《えいえん》に行き詰《づ》まりはなく、自《みずか》ら信念の道を放棄《ほうき》してしまわない限り、彼の「楽観主義」は、限りなき希望の展望《てんぼう》と勝利とを約束されているのであります。〔前掲書二四五頁〕

筆者が尊敬するチェコのプロテスタント神学者ヨゼフ・ルクル・フロマートカは、「信仰を持つ者は常に前を見る」と強調したが、池田氏も厳しい状況においても、常に前を見る楽観主義を信条にしている。池田氏の楽観主義は、行為と不即不離《ふそくふり》の関係にある。それだから、池田氏は、ガンジーの「実践」を評価し、こう述べる。

申すまでもなく、ガンジーは生涯《しょうがい》にわたって「実践」の人でありました。あるバラモンから、瞑想《めいそう》生活入りを勧《すす》められた時、彼は「わたしとて、魂《たましい》の解脱《げだつ》と呼ばれる天国に至ろうと、毎日努力をしています。しかし、そのために、わたしはなにも洞窟《どうくつ》に隠棲《いんせい》する必要はありません。わたしはいつも洞窟を担《かつ》いで歩いているのですから」〔森本達雄『ガンディー——人類の知的遺産 64』講談社〕と答えたユーモラスなエピソードは、この裸足《はだし》の聖者《せいじゃ》の面目《めんぼく》を、よく伝えております。

同じ非暴力《ひぼうりょく》主義者であっても、トルストイなどと比《くら》べ、ガンジーの行動力と行動半径《はんけい》は際立《きわだ》っている。

とはいえ「実践《じっせん》」は単なる行動とは違います。単に身体《からだ》を動かすことなら動物でもできる。否《いな》、動物のほうが行動的であるかもしれない。

「実践」とは、善《ぜん》なるものの内発的《ないはってき》なうながしによって意志《いし》し、成すべきことを成し、かつ自《みずか》ら成就《じょうじゅ》したことの過不足《かふそく》を謙虚《けんきょ》に愛情をもって検討《けんとう》する能力《のうりょく》とはいえないでしょうか。積極果敢《せっきょくかかん》な行動の人である彼は、同時に現実への畏敬《いけい》と謙虚な姿勢を忘れない。自らを唯一《ゆいいつ》の正統《せいとう》と思い込む居丈高《いたけだか》な心からは、もっとも遠かったはずであります。〔前掲書二四七〜二四八頁〕

正しい宗教的信念を現実（特に政治）に生かそうとする場合、実践家が無意識のうちに増上慢《ぞうじょうまん》の罠にからめとられてしまうことがある。実践家が己を「唯一《ゆいいつ》の正統《せいとう》と思い込む居丈高《いたけだか》な心」を持つことを脱構築《だつこうちく》する力が池田思想には備わっている。この力は、創価学会を支持母体とする公明党が与党であることにより、政権が暴走することを阻止《そし》する機能を果たす。

さらに池田氏は、ガンジーが常に民衆と共に進んだことを強調する。

第三に、当然のことながら、ガンジーにあって欠《か》かすことのできないのは、その「民衆」観《かん》であります。

民主主義の今日《こんにち》、民衆の名を口にする人は数多《かず》くいます。しかし、どれだけの人が、どれだけの指導者が、真《しん》に民衆の側に立って働いているか。大半は民衆におもねり、利用し、裏《うら》では民衆を愚弄《ぐろう》しているといっても過言《かごん》ではないでありましょう。〔前掲書二五〇頁〕

＊＊＊非暴力主義こそが真の「強者」の思想

ポピュリストは、自らの権力基盤を世論調査に依拠する。また、排外《はいがい》主義的なナショナリズムに訴えて、支持率の向上を図る。こういう手法は、池田氏が述べるように「大半は民衆におもねり、利用し、裏《うら》では民衆を愚弄《ぐろう》している」ことに他ならない。このような政治家の思想的堕落《だらく》を矯正《きようせい》する力を創価学会は持っている。

池田氏は、〈私どもの信奉《しんぽう》する日蓮大聖人も、一介《いっかい》の名もない漁師《りようし》の生まれでしたが、そうした御自身をむしろ誇《ほこ》りとされ、民衆仏法の旗《はた》を高く掲《かか》げられていったのであります。ガンジーの「民衆」観《かん》は、私に大乗《だいじよう》仏教の菩薩道《ぼさつどう》の真髄《しんずい》、真価《しんか》を彷彿《ほうふつ》させてやみません。しかし、彼の「民衆」観は、虐《しいた》げられし人々への愛情、同苦、憐憫《れんびん》といった〝慈母《じぼ》〟のような側面《そくめん》ばかりではなかった。非暴力《ひぼうりょく》を体得《たいとく》させることによって、民衆に自分自身をば「弱者《じゃくしゃ》」から「強者《きょうしゃ》」へと鍛《きた》え上げさせていく、〝厳父《げんぷ》〟の側面も併《あわ》せもっていました〉〔前掲書二五一頁〕と強調する。池田氏は、ガンジーの非暴力主義が、真の意味での「強者」の思想であるととらえている。創価学会の平和主義も、仏法に裏づけられた真の「強者」の思想なのである。

池田氏は、ガンジーから学ぶ四点目に「総体性」をあげる。

私が何よりも尊《とうと》いと思うのは、ガンジーの言々句々《げんげんくく》、挙措動作《きょそどうさ》が、巧《たく》まずして発散《はっさん》している一種の世界感覚《かんかく》であり、宇宙感覚であります。すなわち、「分断」と「孤立」を乗《の》り越え「調和《ちょうわ》」と「融合《ゆうごう》」を志向《しこう》する、「総体性」ともいうべき感触《かんしょく》であります。それは、ガンジーの次の心情に端的《たんてき》に吐露《とろ》されていると、私には思えてなりません。

「私は全人類と一体化《いったいか》していなかったならば、宗教生活を送れなかったろう。それは、私が政治に立ち入ったから可能になったのである。今日《こんにち》、人間のあらゆる活動は全体として不可分《ふかぶん》のものとなっている。

人間の仕事を社会的なもの、経済的なもの、政治的なもの、純粋《じゅんすい》に宗教的なものというように完全に区分《くぶん》することはできない。

私は、人間の活動から遊離《ゆうり》した宗教というものを知らない。宗教は他のすべての活動に道義的《どうぎてき》な基礎《きそ》を提供《ていきょう》するものである。その基礎を欠《か》くならば、人生は『意味のない騒音《そうおん》と怒気《どき》』の迷宮《めいきゅう》に変わってしまうだろう」〔『抵抗《ていこう》するな・屈服《くっぷく》するな――ガンジー語録』K・クリパラーニ＝編、古賀勝郎訳、朝日新聞社〕と。

まことに明快《めいかい》な論旨《ろんし》であります。

その宗教観《かん》は、宗教と生活を不可分のものとし、宗教を人間の諸活動の源泉《げんせん》ととらえる大乗《だいじょう》仏教の在り方と、見事に符合《ふごう》しております。

政教分離《せいきょうぶんり》は近代《きんだい》政治の原則ですが、それは必ずしも宗教を人間の内面的私事《ないめんてきしじ》に限定《げんてい》するものではなく、むしろ純化《じゅんか》された宗教性が、人間社会の万般《ばんぱん》を潤《うるお》していくことなのだ――"マハトマ"は、こう訴《うった》え、語りかけているようであります。〔前掲書二五三～二五四頁〕

真実の宗教は総体性を有している。宗教から、政治の領域だけを排除することは、真実の宗教の総体性を誤解した謬説《びゅうせつ》だ。筆者は、行きすぎた政教分離は間違っていると思う。「人間社会の万般《ばんぱん》を潤《うるお》していく」という「総体性」が、生きている宗教である創価学会の強さなのである。

第7章

近代的自我を超克する「大我」

1993年
ハーバード大学
＊＊＊
「21世紀文明と大乗仏教」

***

近代は「死を忘れた文明」

人間は誰であっても死を免《まぬか》れることができない。しかし、日常的に死について考える人は少ない。われわれは死を経験することができない。ひとたび死んだならば、生きているこちら側に戻って来ることができないからである。「臨《りん》死《し》体験をした人がいるじゃないか」という反論がなされるかもしれないが、臨死は死ではない。人間は、死を経験することはできないが、死について考え、死を恐れることはできる。優れた宗教人である池田大作氏は、死を正面から受けとめ、思索する。

一九九三年九月二十四日、米国のハーバード大学で行われた「21世紀文明と大乗仏教」と題する講演においても、死の問題を取り上げ、こう述べる。

なぜ、人間にとって死がかくも重い意味をもつかといえば、何よりも死によって、人間は己《おの》が有限性《ゆうげんせい》に気づかされるからであります。どんなに無限《むげん》の「富《とみ》」や「権力《けんりょく》」を手にした人間であっても、いつかは死ぬという定《さだ》めからは、絶対に逃《のが》れることはできません。この有限性を自覚し、死の恐怖《きょうふ》や不安を克服《こくふく》するために、人間は何らかの永遠性《えいえんせい》に参画《さんかく》し、動物的本能《ほんのう》の生き方を超《こ》えて、一個の人格となることができました。宗教が人類史とともに古いゆえんであります。

ところが「死を忘れた文明」といわれる近代《きんだい》は、この生死《しょうじ》という根本《こんぽん》課題から目をそらし、死をもっぱら忌《い》むべきものとして、日陰者《ひかげもの》の位置に追い込んでしまったのであります。近代人にとって死とは、単なる生《せい》の欠如《けつじょ》・空白《くうはく》状態にすぎず、生が善《ぜん》であるなら死は悪《あく》、生が有で死が無《む》、生が条理《じょうり》で死が不条理、生が明《めい》で死が暗《あん》、等々と、ことごとに死はマイナス・イメージを割り振られてきました。

その結果、現代人は死の側から手痛《ていた》いしっぺ返しを受けているようであります。今世紀が、ブレジンスキー博士の言う「メガ・デス（大量死）の世紀」となったことは、皮肉《ひにく》にも「死を忘れた文明」の帰結《きけつ》であったとはいえないでしょうか。

（中略）死は単なる生《せい》の欠如《けつじょ》ではなく、生と並んで、一つの全体を構成する不可欠の要素《ようそ》なのであります。その全体とは「生命」であり、生き方としての「文化」であります。ゆえに、死を排除《はいじょ》するのではなく、死を凝視《ぎょうし》し、正《ただ》しく位置づけていく生命観、生死観《しょうじかん》、文化観の確立《かくりつ》こそ、二十一世紀の最大の課題となってくると私は思います。〔池田大作『21世紀文明と大乗仏教――海外諸大学講演集』聖教新聞社、一九九六年、一九～二〇頁〕

死によって人間は己の有限性に気づくという池田氏の指摘は実に鋭い。また、生だけでなく死を含む形で「生命」や「文化」が存在するという池田氏の洞察も事柄《ことがら》の本質を衝《つ》いている。池田氏の死生観は、仏教思想の伝統を踏まえて形成されている。

仏教では「法性《ほっしょう》の起滅《きめつ》」を説《と》きます。法性とは、現象《げんしょう》の奥《おく》にある生命のありのままの姿をいいます。生死など一切《いっさい》の事象《じしょう》は、その法性が縁《えん》にふれて「起《き》」すなわち出現《しゅつげん》し、「滅《めつ》」すなわち消滅《しょうめつ》しながら、流転《るてん》を繰《く》り返していくと説くのであります。

したがって死とは、人間が睡眠《すいみん》によって明日への活力《かつりょく》を蓄《たくわ》えるように、次なる生への充《じゅう》電《でん》期間のようなものであって、決《けっ》して忌《い》むべきではなく、生と同じく恵《めぐ》みであり、嘉《よみ》せらるべきことと説くのであります。

ゆえに、大乗仏典《だいじょうぶってん》の精髄《せいずい》である法華経《ほけきょう》では、生死の流転しゆく人生の目的を「衆生所遊《しゅじょうしょゆう》楽《らく》」とし、信仰の透徹《とうてつ》したところ、生も喜びであり、死も喜び、生も遊楽であり、死も遊楽であると説き明かしております。日蓮大聖人も「歓喜《かんき》の中の大歓喜」と断言《だんげん》しておられる。

「戦争と革命《かくめい》の世紀」の悲劇《ひげき》は、人間の幸不幸の決定的要因《よういん》が外形のみの変革《へんかく》にはないという教訓《きょうくん》を明確《めいかく》に残しました。次なる世紀にあっては、したがってこうした生死観、生

命観の内なる変革こそ第一義となってくるであろうと私は確信しております。〔前掲書二〇～二一頁〕

＊＊＊大乗仏教が果たす三つの貢献

創価学会の信仰の核《かく》に、近代的な生命至上《しじょう》主義の限界を超える「何か」があることを池田氏は語っているのである。生死観、生命観の内なる変革は、単に理論的な問題ではなく、同時に実践的な課題でもある。池田氏の場合、思想は同時に実践であり、実践は必ず思想的根拠を持つ。思想即実践、実践即思想という構成になっている。池田氏は、二十一世紀をにらんで地球的規模で大乗仏教が果たすことができる貢献について、「平和創出《そうしゅつ》の源泉《げんせん》」「人間復権《ふっけん》の機軸《きじく》」「万物共生《ばんぶつきょうせい》の大地」という三つの視点から論じる。

第一に「平和創出《そうしゅつ》の源泉《げんせん》」ということであります。

古来《こらい》、仏教が平和のイメージに彩《いろど》られている最大の理由は、暴力《ぼうりょく》を排《はい》し、なべて対話や言論を徹底《てってい》して重視《じゅうし》しているからではないでしょうか。ヤスパースは、釈尊《しゃくそん》の死を悼《いた》む弟子《でし》たちの悲しみを「言葉を自在《じざい》に使う人をうしなってしまった」〔『佛陀《ぶつだ》と龍樹《りゅうじゅ》』峰島旭雄訳、理想社」と的確《てきかく》に評しております。

ある仏典《ぶってん》が釈尊を「喜びをもって人に接し、しかめ面《つら》をしないで顔色はればれと、自分から先に話しかける人」としているように、その生涯《しょうがい》は、一切《いっさい》のドグマから解放《かいほう》された「開かれた心」による「開かれた対話」に貫《つらぬ》かれていました。八十歳の高齢《こうれい》に達した釈尊の最後の旅をつづった仏典は、戦争への意図《いと》を、言論による説得《せっとく》で思いとどまらせたエピソードで始まります。

すなわち、隣国《りんごく》ヴァッジを征服《せいふく》しようとする覇権《はけん》主義の大国マガダの大臣に対し、直接諫《いさ》めるのではなく、国の盛衰《せいすい》の理《ことわり》を巧《たく》みに説《と》き及び、侵略《しんりゃく》を厳然《げんぜん》と阻止《そし》しております。

また、この仏典の最終章は、いまわの際《きわ》の釈尊が、愛する弟子《でし》たちに向かって、法のこと、修行《しゅぎょう》のことなど聞き残して悔《く》いが残らぬよう、二度、三度と対話の勧《すす》めを行っている感動的なシーンが記《しる》されております。最後の旅の始めと終わりが、このように言論の光彩《こうさい》を浮き彫《ぼ》りにして、「言葉を自在《じざい》に使う人」の面目《めんもく》を躍如《やくじょ》とさせているのであります。〔前掲書二一一〜二一二頁〕

なぜ釈尊は、言葉を自在に使うことができたのだろうか。それは、釈尊があらゆる偏見《へんけん》、執着《しゅうちゃく》から解放された自由な人であったからだ。池田氏はこのことを「一本の矢」というキーワードを用いて説明する。

釈尊の言葉に「私は人の心に見がたき一本の矢《や》が刺《さ》さっているのを見た」とあります。「一本の矢」とは、一言にしていえば〝差異《さい》へのこだわり〟といってよいでしょう。当時のインドは、大いなる変革期《へんかくき》で、悲惨《ひさん》な戦乱《せんらん》が相次いでいました。釈尊の透徹《とうてつ》した眼は、その争乱《そうらん》の根底《こんてい》に、何よりも部族や国家などの差異へのこだわりを見いだしていたはずであります。

アメリカ哲学《てつがく》の黄金期《おうごんき》を築《きず》いたハーバード大学のロイス教授は、今世紀の初頭、「改革《かいかく》が可能だとすれば、それは内面から起こらなければならない。社会の全体は、いかなる過《か》程《てい》においても、善《よ》きにつけ、悪《あ》しきにつけ、一人一人の心が決めるものだ」と論じております。

「民族」であれ「階級」であれ克服《こくふく》されるべき悪《あく》、すなわち「一本の矢」は、外部というよりまず自分の内部にある。ゆえに、人間への差別意識《いしき》、差異へのこだわりを克服することこそ、平和と普遍的人権《ふへんてきじんけん》の創出《そうしゅつ》への第一義であり、開かれた対話を可能ならしむる黄金律《りつ》なのであります。また、そうあってこそ、相手の性分《しょうぶん》や能力《のうりょく》に応《おう》じて法を説《と》く〝対機説《たいきせつ》法《ぽう》〟という自在《じざい》な対話も可能なのであります。〔前掲書二二頁〕

＊＊＊「一本の矢」を気づかせる人格の力

創価学会員は、差別を憎み、平和と普遍的人権の創出に向けて闘う。そのことが可能になるのは、偉大な宗教改革者で、現代に仏教の真理を甦《よみがえ》らせた池田大作氏が、創価学会員の人生の基本となる指針を具体的に示しているからである。池田氏には、類《たぐ》い稀《まれ》な対話力がある。相手の頑《かたく》なな心を開かせ、二つのモノローグ（一人語り）を一つのディアローグ（対話）に変容させる力だ。釈尊、日蓮の伝統を池田氏が継承しているから、このような優れた洞察が可能になるのだ。

事実、釈尊《しゃくそん》の対話の特徴は、部族間の水争いの仲裁《ちゅうさい》をする時も、凶暴《きょうぼう》な強盗《ごうとう》を改心《かいしん》させる時も、乞食行《こつじきぎょう》に異議《いぎ》を申し立てる者の浅慮《せんりょ》を戒《いまし》める時も、常に内なる悪という「一本の矢《や》」に気づかせることを眼目《がんもく》としておりました。その類《たぐ》いまれなる人格の力こそ、ある王をして「世尊《せそん》よ、私たちが武器をもってさえ降伏《こうふく》させることのできない者を、あなたは武器を持たずして降伏せしめる」と感嘆《かんたん》させているのであります。差異へのこだわりの克服は、宗教が民族宗教を超《こ》えて世界宗教へと飛翔《ひしょう》しゆく跳躍台《ちょうやくだい》でもあります。

日蓮大聖人が、迫害《はくがい》を加える日本の最高責任者《せきにんしゃ》を「わづかの小島のぬし《主》」〔御書九一一㌻〕

と一蹴《いっしゅう》される時、明《あき》らかに国家を超えた普遍的価値《ふへんてきかち》、世界宗教の地平《ちへい》が望まれているのであります。〔前掲書二三頁〕

池田氏のテキストを虚心坦懐《きょしんたんかい》に読めば、われわれ一人ひとりが、〈内なる悪という「一本の矢《や》」〉に気づかされる。このことに気づくということが、悪と闘うという実践に直結するのである。池田氏は、創価学会の牧口常三郎初代会長、戸田城聖第二代会長の戦時下の闘いについて以下の指摘をする。

創価学会は、第二次世界大戦の際、真《ま》っ向《こう》から日本の軍国主義に対抗《たいこう》しました。そのために牧口常三郎初代《しょだい》会長はじめ多くの同志が、投獄《とうごく》されました。今からちょうど五十年前のことであります。取り調べの検事や看守《かんしゅ》にさえ、毅然《きぜん》と仏法を語りながら、平和を語りながら、牧口初代会長は七十三歳で獄死《ごくし》いたしました。

その遺志《いし》を継《つ》いだ戸田第二代会長は、二年に及ぶ獄中闘争《ごくちゅうとうそう》の後、「地球民族主義」という理念《りねん》を掲《かか》げ、悩《なや》み苦しむ民衆の中へ飛び込んで、座談の波を広げていったのであります。〔前掲書二四頁〕

池田氏は、偏狭《へんきょう》な国家主義を偽りの宗教であると弾劾《だんがい》する。そして、戸田第二代会長の「地球民族主義」を池田氏はSGI（創価学会インタナショナル）を創設することによって、地球規模で普及させたのである。SGIによって、仏教は真の意味で世界宗教になった。この事実を等身大《とうしんだい》で認識することが重要だ。

池田氏は、人間復権という視座《しざ》から見た場合、宗教に二面性があることを強調する。

第二に「人間復権《ふっけん》の機軸《きじく》」という視点《してん》であります。
これを平易《へいい》にいうならば、再び宗教の時代が叫ばれる今こそ、はたして宗教をもつことが人間を強くするのか弱くするのか、善《よ》くするのか悪くするのか、賢《かしこ》くするのか愚《おろ》かにするのか、という判断を誤《あやま》ってはならないということであります。社会主義諸国《しょこく》の崩壊《ほうかい》により、マルクスの権威《けんい》は地に堕《お》ちた感があるとはいえ、彼の宗教阿片説《あへんせつ》が全く無意味であったとはいえません。〔前掲書二一五頁〕

池田氏は、マルクス主義の宗教阿片説にも正しい側面があることを認めるのは、宗教人が増上《ぞうじょう》して、自己を絶対化する危険があることをリアルに認識しているからだ。僧侶、神父、牧師などの職業宗教家であることをもって、当該宗教の神髄《しんずい》を体得しているという証明にはならない。

二十世紀プロテスタント神学の父であるカール・バルトもマルクスの宗教阿片説を肯定的にとらえた。紙幅の都合から詳しく論じることができないが、池田氏は、バルトと共通の視座から、宗教を見ている。そして、人間が増上慢に陥らず、真に自由になるためには、「万物共生の大地」を想起することが重要と池田氏は考える。

第三に「万物共生《ばんぶつきょうせい》の大地」という視点《してん》を申し上げたい。

法華経には数々の譬喩《ひゆ》が説《と》かれておりますが、その中に、広大《こうだい》なる大地が等しく慈雨《じう》に潤《うるお》い、大小さまざまな草木が生き生きと萌《も》え出《い》ずる描写《びょうしゃ》があります。一幅《いっぷく》の名画《めいが》を見るように雄大《ゆうだい》にしてダイナミック、いかにも法華経らしい命の躍動《やくどう》は、直接的には、仏の平等大慧《だいえ》の法に浴《よく》して、全ての人々が仏道《ぶつどう》を成《じょう》じていくことを示しています。

しかし、それにとどまらず、人間ならびに山川《さんせん》草木に至るまでが、仏の命を呼吸しながら、個性豊《こせいゆた》かに生《せい》を謳歌《おうか》している「万物共生の大地」のイメージを、見事に象《かたど》っているように思えるのであります。

ご存じのように、仏教では「共生」を「縁起《えんぎ》」と説きます。「縁起」が、縁《よ》りて起こると書くように、人間界であれ自然界であれ、単独で存在しているものはなく、全てが互いに縁《えん》となりながら現象界《げんしょうかい》を形成《けいせい》している。

すなわち、事象《じしょう》のありのままの姿は、個別性《こべっせい》というよりも関係性や相互依存性《そうごいそんせい》を根底《こんてい》としている。

一切《いっさい》の生きとし生けるものは、互いに関係し依存し合いながら、生きた一つのコスモス、哲学的《てつがくてき》にいうならば、意味連関《れんかん》の構造を成しているというのが、大乗《だいじょう》仏教の自然観《かん》の骨格《こっかく》なのであります。〔前掲書二八～二九頁〕

＊＊＊「大我」が人間の主体性を回復する

池田氏は、関係性や相互依存性を認識することによって、人間は真の主体性を回復できると考え、こう強調する。

仏典《ぶってん》には、「己《おのれ》こそ己の主《あるじ》である。他の誰がまさに主であろうか。己がよく抑制《よくせい》されたならば、人は得難《えがた》い主を得る」「まさに自《みずか》らを熾燃《しねん》（ともしび）とし、法を熾燃とすべし。他を熾燃とすることなかれ。自らに帰依《きえ》し、法に帰依せよ。他に帰依することなかれ」等とあります。

いずれも、他に紛動《ふんどう》されず、自己に忠実《ちゅうじつ》に主体的に生きよと強くうながしているのであります。ただ、ここに「己」「自ら」というのは、エゴイズムに囚《とら》われた小さな自分、すなわち「小我《しょうが》」ではなく、時間的にも空間的《くうかんてき》にも無限《むげん》に因果《いんが》の綾《あや》なす宇宙生命に融合《ゆうごう》している大きな自分、すなわち「大我《たいが》」を指しております。〔前掲書三〇頁〕

池田氏の説く「大我」にこそ、人間の主体性を回復する契機《けいき》がある。

大乗仏教《だいじょうぶっきょう》で説《と》くこの「大我《たいが》」とは、一切衆生《しゅじょう》の苦を我が苦となしゆく「開かれた人格」の異名《いみょう》であり、つねに現実社会の人間群に向かって、抜苦与楽《ばっくよらく》の行動を繰《く》り広げるのであります。

こうした大いなる人間性の連帯《れんたい》にこそ、いわゆる「近代的自我《きんだいてきじが》」の閉塞《へいそく》を突《つ》き抜けて、新《あら》たな文明が志向《しこう》すべき地平《ちへい》があるといえないでしょうか。そしてまた、「生《せい》も歓喜《かんき》であり、死も歓喜である」という生死観《しょうじかん》は、このダイナミックな大我《たいが》の脈動《みゃくどう》の中に、確立《かくりつ》されゆくことでありましょう。〔前掲書三一〜三二頁〕

近代的自我の限界を池田氏は「大我」によって超克することに成功した。宗教は人間の内心にとどまる私的事柄ではなく、人間の人生観、世界観のすべての基準となる生きた、生命の原理である。このことを、池田氏は、創価学会員のみでなく、他の宗教を信じる人、さらに宗教を信じない人にも理解できる明晰《めいせき》な言語で語っている。

第8章

完成と未完成の相乗作用

1994年
ボローニャ大学
＊＊＊
「レオナルドの眼と人類の議会——
国連の未来についての考察」

＊＊＊国連NGOの一員である創価学会

大学は、国家にも個人にも属《ぞく》さない中間団体である。教育は、司法権、立法権、行政権から独立した第四の機関であるべきだ。池田大作氏は、第四の機関である教育の独立性を強調する。そして、この教育の独立性が、主権国家の限界を突破しようとする国際連合の平和思想につながるのである。池田氏の現実的な平和につながる教育観を理解する上で、一九九四年六月一日にイタリア、ボローニャ大学で行われた「レオナルドの眼と人類の議会——国連の未来についての考察」という講演が重要だ。

池田氏は、ボローニャ大学の自治の特徴についてこう述べる。

すでに十三、四世紀、貴大学には、その名声《めいせい》を慕《した》って、ヨーロッパ全土から学生が集まり、自治《じち》の気風《きふう》も高らかに国際的な大学都市を形成《けいせい》していたといわれます。

その意気軒高《いきけんこう》たる様子は、神聖《しんせい》ローマ皇帝（フリードリッヒ二世）の横暴《おうぼう》に対し、学生たちが、「われらは一陣《いちじん》の風に屈《くつ》してしなう湖沼《こしょう》の葦《あし》にあらず。ここに来たらば、そのわれらを見いださん」〔グイド・ザッカニーニ『中世イタリアの大学生活』児玉善仁訳、平凡社〕と、一歩も退かなかった、とのエピソードに、よく見てとることができるのであります。

昔も今も、こうした気概《きがい》こそ、世界市民のバックボーンであるからであります。

私どもＳＧＩ（創価学会インタナショナル）も、国連ＮＧＯ（非政府機関）の一員として、さまざまな支援《しえん》活動を行ってまいりました。〔池田大作『21世紀文明と大乗仏教――海外諸大学講演集』聖教新聞社、一九九六年、一四五〜一四六頁〕

ＳＧＩは、国連ＮＧＯの一員として活躍《かつやく》している。これは、仏教が世界的規模で平和のために具体的な活動をしているということだ。ＳＧＩの活動によって仏教が真の世界宗教になったことを示す一例である。

池田氏は、国連を活性化させていくためには、機構《きこう》改革よりも、国連の思想の深化《しんか》を先行させるべきと考えてこう述べる。


本日は、国連改革《かいかく》の具体的側面《そくめん》というよりも、この〝人類の議会〟を活性化《かっせいか》していくための精神的基盤《きばん》、その担《にな》い手たる世界市民のエートス（道徳的気風《どうとくてききふう》）といった、理念的《りねんてき》側面を考察《こうさつ》させていただきたいのであります。

なかんずく、貴国《きこく》の偉大《いだい》なる文化への敬意《けいい》と感謝の思いを込めて、イタリア・ルネサンスの生んだ〝万能《ばんのう》の天才〟レオナルド・ダ・ヴィンチにスポット・ライトを当てながら、「自己を統御《とうぎょ》する意志《いし》」と「間断《かんだん》なき飛翔《ひしょう》」の二点に論及させていただきたいと思います。なぜなら、国連というグローバルなシステムの本質は、あくまで、協調と対話を機軸《きじく》とするソフト・パワーという点にあり、そのパワーを強化《きょうか》していくには、迂遠《うえん》のようでも精神面、理念面での裏打《うらう》ちが不可欠《ふかけつ》だからであります。

近くは、ボスニア情勢《じょうせい》に見られるように、ぎりぎりハード・パワーの選択《せんたく》の局面があったとしても、国連の第一義的使命《しめい》が、どこまでもソフト・パワーにあることは異論《いろん》の余地《よち》がありません。

明年、創設《そうせつ》五十周年を迎える国連の歴史は、短いといえば短い。長い人類の歴史から見れば、緒《しょ》についたばかりともいえます。しかし、あまりにも短命《たんめい》に終わった、あの国際連《れん》盟《めい》の悲運《ひうん》を考えれば、国連の半世紀の歩みは、決《けっ》して軽視《けいし》されてはならない。

とりわけ、米ソ冷戦《れいせん》の終結《しゅうけつ》とともに、PKOなど国連の動きは、見違えるように活発化《かっぱつか》し、ようやく、創設時《そうせつじ》の精神が機能《きのう》し始めた、といわれる昨今、この流れを、何としても希望の二十一世紀へと繋《つな》いでいかねばならないからであります。［前掲書一四七〜一四八頁］

本章を執筆した時点で、ウクライナ情勢をめぐって、米国とロシアが対立を強めていたが、こうした状況下において、国連の意義について考えることには、現代的な意味がある。

半世紀前の国連創設の立役者《たてやくしゃ》は、いうまでもなくアメリカのルーズベルト大統領であります。

彼は、同じく国際連盟の旗振《はたふ》り役であったウィルソン大統領の志《こころざし》を継《つ》ぎ、理想《りそう》主義、国際主義、人道《じんどう》主義を掲《かか》げました。

その信念《しんねん》が、国連創設の精神となり、原動力《げんどうりょく》となったことは周知《しゅうち》の史実《しじつ》であります。スターリンやチャーチルなどの強者《つわもの》を相手に、倦《う》まず、普遍的《ふへんてき》安全保障《ほしょう》の理想を説《と》き続ける、その姿を、ある後世《こうせい》の史家《しか》は、半《なか》ば揶揄《やゆ》を込めて、「宇宙的ヒューマニズム」と呼んだそうであります。

確《たし》かに、その後の冷戦下《れいせんか》での国連機能《きのう》の形骸化《けいがいか》を見れば、揶揄されても仕方のない面があったかもしれません。しかし、歳月の淘汰《とうた》作用には、まことに計《はか》れないものがあります。今、創設時の精神への回帰《かいき》と復興《ふっこう》がいわれるなか、「宇宙的ヒューマニズム」は、決《けっ》して、絵空事《えそらごと》でも夢想《むそう》でもなくなりつつあるのであります。

あれこれと思いを巡《めぐ》らせている時、ちょうど、レンズを調整《ちょうせい》しているとカメラのファインダーに被写体《ひしゃたい》の輪郭《りんかく》が明《あき》らかになってくるように、私の脳裏《のうり》に鮮明《せんめい》に、動かし難《がた》く浮《う》かび上がってくるのが、巨人《きょじん》レオナルド・ダ・ヴィンチの高くそびえ立つ姿なのであります。〝善悪《ぜんあく》の彼岸《ひがん》〟を悠々《ゆうゆう》と独歩《どっぽ》していたかのようなレオナルド・ダ・ヴィンチと、生々しい利害《りがい》・打算《ださん》の渦巻《うずま》く、あまりに散文的《さんぶんてき》な国連とは、次元《じげん》が違いすぎて、両者を結びつけるのは唐突《とうとつ》のように思えるかもしれません。しかし、我々は万事《ばんじ》に、短いスパン（間隔《かんかく》）と長いスパンの視野《しや》を併《あわ》せもたなくてはならないと思います。〔前掲書一四八～一四九頁〕

***

「未完成の完成」という考え方

ここで重要なのは、池田氏が強調する〈短いスパン（間隔《かんかく》）と長いスパンの視野《しや》を併《あわ》せもたなくてはならない〉ということだ。池田氏は、ＳＧＩがソ連との交流を行うに当たって、無神論《むしんろん》を国是《こくぜ》に掲げるソ連の状況に鑑《かんが》み、ソ連領内での広宣流布（布教）は行わず、文化、教育活動に専心した。そのことによって、ゴルバチョフ・ソ連共産党書記長をはじめとするソ連のエリートの心をつかみ、宗教に対する偏見《へんけん》を除去《じょきょ》した。ゴルバチョフは、ロシアへのキリスト教導入一〇〇〇年にあたる一九八八年に宗教政策を大胆《だいたん》に緩和《かんわ》した。この決定が、ソ連体制を解体する要因の一つとなった。池田氏は、いずれソ連は崩壊《ほうかい》するという「長いスパンの視野」を持って、ソ連と交流を開始したのだ。

さらに、池田氏は、教育と平和に共通する「未完成の完成」という考え方に着目する。

人間が鳥のように大空を飛翔することは、あまりにも有名なレオナルドの夢でありましたが、彼の魂《たましい》もまた、生涯《しょうがい》を通して「間断《かんだん》なき飛翔《ひしょう》」を繰《く》り返しておりました。

「若いうちに努力せよ」〔『レオナルド・ダ・ヴィンチの手記』杉浦明平訳、岩波文庫〕

「鉄が使用せずして錆《さ》び、水がくさりまたは寒中《かんちゅう》に凍《こお》るように、才能も用《もち》いずしてはそこなわれる」〔同〕

「倦怠《けんたい》より死を」〔同〕

「ありとあらゆる仕事もわたしを疲《つか》らせようとはしない」〔同〕等々の言葉は、この天才がまた希代《きだい》の努力精励《せいれい》の人でもあったことを物語っております。

「最後の晩餐《ばんさん》」の制作中など、日の出から夜遅くまで、飲まず食べずで仕事に没頭《ぼっとう》しているかと思うと、三日も四日も絵に手をつけずに、行きつ戻りつ思索《しさく》にふけり続けることもあったという。

この、すさまじいばかりの集中力《しゅうちゅうりょく》。にもかかわらず、こうした創作《そうさく》への執念《しゅうねん》とは裏腹《うらはら》に、レオナルドの創作で完成されたものは、周知《しゅうち》のように、ごく少ない。

絵画《かいが》においても、極端《きょくたん》な寡作《かさく》のうえ、そのほとんどが、未完成のままであります。

「万能《ばんのう》の天才」らしく、そのほかにも彫刻《ちょうこく》、機械や、武器の製作《せいさく》、土木工事など、驚《おどろ》くべき多芸多才《たげいたさい》ぶりを発揮《はっき》しておりますが、見果《みは》てぬ夢でしかなかった人力飛行《じんりきひこう》に象徴《しょうちょう》されるように、おおむねアイデア倒れ、意図《いと》倒れに終わっているようであります。

特徴的なことは、レオナルドは、それに何ら痛痒《つうよう》は感じないらしく、未完《みかん》を苦《く》にするのでもなく、未練《みれん》をもつ様子もなく、恬淡《てんたん》として、他へと念頭《ねんとう》を転じてしまうのであります。傍目《はため》には未完成に見えても、おそらく彼には、ある意味で完成しているのであり、いわば「未完成の完成」ともいうべき相乗《そうじょう》作用であったにちがいない。そうでなければ、創作《そうさく》への執念《しゅうねん》と、おびただしい未完成との落差《らくさ》は、理解に苦しむといえましょう。

しかし「未完成の完成」は、同時に「完成の未完成」であった。

ルネサンスの時代精神は、「全体」「総合」「普遍《ふへん》」などと形容《けいよう》されますが、レオナルドにあっても、無限《むげん》に広がり生成流動《せいせいりゅうどう》しゆく、宇宙生命ともいうべき全体性、普遍性の世界――かつてヤスパースが「一切《いっさい》がそれに奉仕《ほうし》せねばならぬ全体」と呼んだ包括的《ほうかつてき》な世界が、まず予感されていたはずであります。〔前掲書一五三～一五五頁〕

＊＊＊創作活動の要諦から考察する完成への道

一人の人間が、世界のすべてを理解し、描き出すことはできない。ルネサンスの天才たちは、世界のすべてをとらえるという「不可能の可能性」に挑んだ。それだから、その作品は「未完成の完成」もしくは「完成の未完成」という形を取るのである。

これに対して、宗教的天才である池田氏は、世界のすべてをとらえ、それを創価学会、ＳＧＩの活動で表すことができる。その歩みは、完成、すなわちすべての衆生の救済に向けて、飽《あ》くことなく続けられていくのである。

池田氏は創作活動の要諦《ようてい》についてこう述べる。

創作活動とは、絵画《かいが》や彫刻《ちょうこく》であれ、工作機器《きき》や建築、土木の類《たぐ》いであれ、そうした全体性、普遍性の世界を、巨腕《きょわん》を駆使《くし》しながら個別性《こべつせい》の中に写《うつ》し取ってくる創造《そうぞう》の営《いとな》みでありました。

すなわち、不可視《ふかし》の世界の可視化であった。したがって、いかに完成度を誇《ほこ》る傑作《けっさく》であっても、個別の世界の出来事である限り、未完成であることを免《まぬか》れ得ない。人はそこに安住していてはならず、新《あら》たなる完成を目指して「間断《かんだん》なき飛翔《ひしょう》」を運命づけられているのであります。

ブッダが最後に残したのも、「もろもろの事象《じしょう》は過ぎ去《さ》るものである。怠《おこた》ることなく修《しゅ》行《ぎょう》を完成なさい」という言葉でありました。

大乗《だいじょう》仏教の精髄《せいずい》も、「月月・日日につよ《強》り給へ・すこしもたゆ《撓》む心あらば魔《ま》たよりをうべし」〔御書一一九〇ページ〕と、さらにまた、「譬《たと》えば闇鏡《あんきょう》も磨《みが》きぬれば玉と見ゆるが如《ごと》し、只今《ただいま》も一念無明《むみょう》の迷心《めいしん》は磨かざる鏡なり是《これ》を磨《みが》かば必ず法性真如《ほっしょうしんにょ》の明鏡《みょうきょう》と成《な》るべし」〔御書三八四ページ〕と、生命の本然的《ほんねんてき》な在り方を示しております。

「未完成の完成」から「完成の未完成」へ——ゆえに両者の相乗《そうじょう》作用とは、ダイナミックに生成流動《せいせいりゅうどう》しゆく生命の動き、現実の動きそのものといってよい。「経験の弟子《でし》 レオナルド・ヴィンチ」〔杉浦明平訳、前掲書〕と宣言《せんげん》し、いっさいの先入観《せんにゅうかん》を排《はい》して現実の動きを凝視《ぎょうし》し続ける彼は、したがって、現実を固定化《こていか》してしまいがちな言語の働きには、不信《ふしん》と敵意《てきい》すら抱《いだ》いていた。

「絵画《かいが》」を強調《きょうちょう》し、「言語」を難《なん》ずるレオナルドの特異《とくい》な言語批判《ひはん》は、私に、大乗《だいじょう》仏教・中興《ちゅうこう》の論師《ろんし》である竜樹菩薩《りゅうじゅぼさつ》の洞察《どうさつ》を想起《そうき》させるのであります。〔前掲書一五五〜一五六頁〕

池田氏は、縁起《えんぎ》観《かん》を基点に創作活動を存在論的に位置づける。

彼（引用者註＊竜樹菩薩）もまた、仏教の根本《こんぽん》を成す〝縁起《えんぎ》の法〟すなわち〝空《くう》〟に関して、「滅《めつ》することもなく、生《しょう》ずることもなく、断滅《だんめつ》もせず、恒常《こうじょう》でもなく、単一でもなく、複《ふく》数《すう》でもなく、来ることもなく、去《さ》ることもない相互依存性《そうごいそんせい》（縁起）は、言語の虚構《きょこう》を超越《ちょうえつ》し、至福《しふく》なるものであるとブッダは説《と》いた」と称《たた》えながら、現実の固定化、実体化《じったいか》に陥《おちい》りがちな言語の虚構性を鋭《するど》くえぐり出しております。

言語による固定化が、完成と未完成のダイナミックな相乗作用を失《うしな》わせ、かりそめの「安定」を恒久的《こうきゅうてき》なものと錯覚《さっかく》させてしまうのであります。レオナルドも竜樹も、そうした「安定」は、易《やす》きにつこうとする怠惰《たいだ》な精神の格好《かっこう》の温床《おんしょう》となるであろう、と警鐘《けいしょう》を鳴《な》らしているようであります。

「性急《せいきゅう》は愚《おろ》かさの母である」とのレオナルドのさりげない箴言《しんげん》も、こうした背景《はいけい》のもとで初めて、秀抜《しゅうばつ》なる光彩《こうさい》を放ってくるのではないでしょうか。

それはまた、言葉によって描《えが》き出されたユートピアの青写真を実体《じったい》と錯覚《さっかく》し、そこへ向けて「性急」に走り続ける、急進《きゅうしん》主義の危険性《きけんせい》をも照射《しょうしゃ》しております。あらゆる政治的、社会的諸問題と同様、国連の活性化《かっせいか》にあたっても、急進主義は禁物《きんもつ》であります。

それは国連への「過信《かしん》」であり、「過信」は、ちょっとしたつまずきで、容易《ようい》に「不信」に転じてしまう。

その結果、〝ゆあみの水と一緒に、子供まで捨ててしまう〟「愚《おろ》かさ」を犯《おか》すことは、必定《ひつじょう》でありましょう。レオナルド的歩みの必須《ひっす》なる所以《ゆえん》であります。

以上、「自己を統御《とうぎょ》する意志《いし》」「間断《かんだん》なき飛翔《ひしょう》」の二点にしぼり、仏教の知見《ちけん》とも関係づけながら、私なりにレオナルドの精神的遺産《いさん》にアプローチを試《こころ》みさせていただきました。

［前掲書一五六〜一五七頁］

＊＊＊国連の価値を創り出しているのは民衆

国連も人間によって作られたものなので、その力を過信《かしん》してはならないと池田氏は戒《いまし》める。なぜなら、過信は不信につながるからだ。池田氏の言葉を筆者なりに敷衍《ふえん》すると、国連が持つ価値を創り出しているのが民衆であるという原点を忘れるなということだ。池田氏は、民衆と国連の関係についてこう述べる。

「我ら人民は」という一節で始まる、あの国連憲章《けんしょう》が象徴《しょうちょう》するように、民衆こそが主体《しゅたい》であり、人間こそが根本《こんぽん》であります。

ゆえに、世界市民のさらなる力の結集によって、国連を、「民衆の声を生かす人類の議会」へと高めてまいりたいのであります。ともに、生きとし生けるものの証《あかし》とは一体《いったい》、何か。人間としての価値《かち》は一体、どこにあるのか。国と国、民族と民族の親善友好《しんぜんゆうこう》は、何がポイントか。

その地下水脈《ちかすいみゃく》に、文化というものを漲《みなぎ》らせ、また異《い》文化を認めながら交流《こうりゅう》を深めていく、新しき人間主義の脈動《みゃくどう》が、必要となってきております。

これこそ、まさしく、貴《き》大学の意義《いぎ》深き九百年祭の折《おり》、我が創価大学も署名《しょめい》させていただいた、あの「大学憲章《けんしょう》」で、高らかに宣言《せんげん》されている理念《りねん》でありましょう。［前掲書一五八頁］

世界市民のさらなる力の結集によって、国連が民衆の声を生かす人類の議会に近づいていこうとする努力を重ねることによって、大戦争の引き金を引くことになりかねないウクライナ危機を解決することが可能になる。

第9章

平和を実現する三つの転換

1995年

ハワイ、東西センター

＊＊＊

「平和と人間のための安全保障」

＊＊＊ハワイから始まった世界への旅

池田大作氏には、民族間、国家間の不信を信頼に、憎悪《ぞうお》を愛に転換する類《たぐ》い稀《まれ》な力がある。ハワイ時間の一九四一年十二月七日早朝（日本時間八日未明）、日本海軍は、米国のハワイ、オアフ島の真珠湾《しんじゅわん》（パールハーバー）を奇襲《きしゅう》した。日本軍が真珠湾を攻撃した時点で、日本政府は米国政府に対して宣戦布告《せんせんふこく》を行っていなかった。真珠湾奇襲は、国際法違反の闇討《やみう》ちで、米国人の日本国家と日本人に対する不信と憎悪のシンボルになった。

池田氏は、一九九五年一月二十六日にハワイの東西センターで「平和と人間のための安全保障」と題する講演を行った。池田氏は、一九六〇年に世界への旅をハワイから行った。この池田氏の旅は、仏教が真の世界宗教となる重要な出発点になった。ここには深い思想的意味がある。東西センターでの講演で、池田氏はこう指摘した。

万人《ばんにん》を魅了《みりょう》してやまない、ここハワイの天地《てんち》には、「人間」と「自然」との抱擁《ほうよう》があり、「東」と「西」との握手があります。「文化の多様性《たようせい》」の調和《ちょうわ》があり、「伝統《でんとう》」と「近代化《きんだいか》」との融合《ゆうごう》があります。

私は、ハワイこそ、「平和」と「人間」という人類の根本《こんぽん》課題を探究《たんきゅう》する格好《かっこう》の舞台であると信ずる一人であります。

私自身、世界への旅を、ハワイより開始いたしました。一九六〇年――奇《く》しくも、貴《き》センターが創設《そうせつ》された、その年のことであります。

日本の軍国主義によって、太平洋戦争の開戦という悲劇《ひげき》が刻《きざ》まれた、このハワイから、人類の平和の旭日《きょくじつ》を輝《かがや》かせていきたい――これが、青春の日より、私が抱《いだ》いてきた熱願《ねつがん》なのであります。〔池田大作『21世紀文明と大乗仏教――海外諸大学講演集』聖教新聞社、一九九六年、六三頁〕

池田氏の思想、行動のすべてに平和が体現《たいげん》されている。創価学会の強さは現実に平和を創り出していくことができるところにある。池田氏の平和の思想は、二十世紀が大量殺戮《さつりく》と大量破壊《はかい》の時代であったことを真摯《しんし》に見据《みす》えるところから出発している。

翻《ひるがえ》って、眺望《ちょうぼう》すれば、二十世紀は、一言でいって、あまりに人間が人間を殺しすぎました。

「戦争と革命《かくめい》の世紀」と形容《けいよう》されるように、二度にわたる世界大戦や相次《あいつ》いだ革命など、今世紀は、かつてない血《ち》なまぐさい激動《げきどう》の連続であったと言ってよいでしょう。

科学技術の発展《はってん》が、兵器《へいき》の殺傷力《さっしょうりょく》を飛躍的《ひやくてき》に高めたこともあって、両度の世界大戦などの死者は約一億人にも及び、その後の冷戦下《れいせんか》から現在に至るまで、地域紛争《ふんそう》等による犠牲《ぎせい》者《しゃ》も、二千万人以上にのぼるといわれております。

とともに、「南」と「北」の貧富《ひんぷ》の差は拡大《かくだい》し続け、約八億もの人々が飢《う》えており、幾《いく》万《まん》の幼《おさな》い尊《とうと》き命《いのち》が、日々、栄養不良《ふりょう》や病《やまい》で失《うしな》われております。この構造的暴力《ぼうりょく》から、決《けつ》して目をそらすことはできません。

さらに多くの識者《しきしゃ》が危惧《きぐ》するように、東西を問わず蔓延《まんえん》する〝精神の飢餓《きが》〟は、物質的な繁栄《はんえい》の空虚《くうきょ》さを物語っております。こうした計《はか》り知れない人柱《ひとばしら》をもって、二十世紀の人類が贖《あがな》ってきたものは、いったい何だったのか――世紀末《まつ》を迎え、一段と混迷《こんめい》の度を加《くわ》えつつある現状を前に、だれしも痛恨《つうこん》の情を抑《おさ》えることができないのではないでしょうか。

私の胸には、大乗《だいじょう》仏教の真髄《しんずい》たる「法華経《ほけきょう》」の一文が迫《せま》ってくるのであります。

「三界《さんがい》は安《やす》きことなし　猶《なお》火宅《たく》の如《ごと》し　衆苦充満《しゅうくじゅうまん》して　甚《はなは》だ怖畏《ふい》すべし」〔『法華経並開結』二二二ページ〕

――この現実世界は、安心できるところではない。ちょうど燃えている家のごとくである。多くの苦《く》が充満しており、はなはだ恐るべきである――と。

苦悩《くのう》と恐怖《きようふ》の炎《ほのお》に焼《や》かれる民衆への限りなき同苦《どうく》であります。
この悲惨《ひさん》な絵巻《えまき》を直視《ちよくし》しつつ、「法華経」には、こう宣言《せんげん》されております。
「応《まさ》に其《そ》の苦難《くなん》を抜き、無量無辺《むりようむへん》の仏智慧《ぶっちえ》の楽《らく》を与え、其《そ》れをして遊戯《ゆげ》せしむべし」〔同二一六ジペー〕
――まさに、人々の苦しみを抜きとり、無量無辺《むりようむへん》の「仏の智慧《ほとけちえ》」の楽しみを与えて、遊戯《ゆうぎ》できるようにしてあげたい――と。ここに、仏法の出発点があります。そして、それは、この現実社会の真《ま》っただ中に、安穏《あんのん》なる楽土《らくど》を断固《だんこ》として築《きず》かんとする、ダイナミックな行動へと脈動《みやくどう》していくのであります。〔前掲書六三～六五頁〕

＊＊＊人間革命こそが恒久平和の道を開く

池田氏は、法華経の智慧を現代に甦《よみがえ》らせているのだ。仏法を抽象的《ちゆうしゆうてき》な概念《がいねん》ではなく、一人ひとりの生きた人間の具体的生活と密着《みっちゃく》させるのである。ここに人間革命の本質があることを池田氏は、こう強調する。

その（引用者註＊人間のダイナミックな行動のこと）基軸《きじく》は、あくまでも、民衆一人一人の生命の変革《へんかく》による「生活」と「人生」の蘇生《そせい》であります。

私の恩師《おんし》である戸田城聖・創価学会第二代会長は、これを「人間革命《かくめい》」と宣言《せんげん》いたしました。

思えば、十九世紀の進歩《しんぽ》主義思想に酔《よ》いしれた人類は、社会及び国家の外的条件を整《ととの》えることにのみ狂奔《きょうほん》し、それをもって幸福への直道《じきどう》であるかのごとき錯覚《さっかく》に陥《おちい》ってしまったのであります。

しかし、「人間」それ自身の変革という根本《こんぽん》の一点を避《さ》けてしまえば、せっかくの平和と幸福への努力も、かえって逆効果《ぎゃっこうか》となってしまう場合さえある。ここに、二十世紀の最大の教訓《きょうくん》があったとはいえないでありましょうか。〔前掲書六五頁〕

社会の構造だけを問題にしても、世の中は善《よ》くならない。まず、一人ひとりが自らの内的生命を変革する人間革命から社会変革を志向するというベクトルが、唯一《ゆいいつ》の正しい方法論なのである。人間革命が、恒久《こうきゅう》平和の道を開き、人間のための安全保障を可能にすると池田氏は強調する。筆者も池田氏の見解に全面的に賛成する。池田氏にとって真理は実践的である。それだから、二十一世紀に真の平和を確立するために必要な課題を池田氏は具体的に三点に絞《しぼ》り込む。第一が「知識から智慧《ちえ》へ」、第二が「一様性《いちようせい》から多様性《たようせい》へ」、第三が「国家主権から人間主権へ」と題される三つの転換だ。

＊＊＊智慧の誤った使用が不幸を招く

まず第一は「知識から智慧へ」という命題《めいだい》であります。

私の恩師《おんし》・戸田会長は、「知識を智慧と錯覚《さつかく》しているのが、現代人の最大の迷妄《めいもう》である」と鋭《するど》く見破《やぶ》っておりました。確《たし》かに、現代人の知識量・情報量《じようほうりよう》は五十年前、百年前に比《くら》べて飛躍的《ひやくてき》に増大《ぞうだい》しておりますが、それがそのまま幸福をもたらす智慧につながっているとは、とうてい言えません。

むしろ「知識」と「智慧」のはなはだしいアンバランスが不幸をもたらす場合があまりにも多い。それは、近代《きんだい》科学の粋《すい》が核《かく》兵器に直結《ちよつけつ》していることや、先ほど申し上げた「南北の格差《かくさ》」の広がりなどに、如実《によじつ》に表《あらわ》れております。空前《くうぜん》の高度情報化《じようほうか》社会を迎えた今、膨大《ぼうだい》な知識や情報を正《ただ》しく使いこなしていく「智慧《ちえ》」の開発《かいはつ》は、いよいよ重大な眼目《がんもく》となっているのではないでしょうか。

たとえば、発達した通信技術は、民衆の「恐怖《きようふ》」と「憎悪《ぞうお》」を煽《あお》るために悪用《あくよう》される場合もある。その一方で、教育の機会《きかい》を世界に拡充《かくじゆう》するために活用することもできます。それを分《わ》かつのは、人間の「智慧」と「慈愛《じあい》」の深さなのであります。

仏法は、一貫《いっかん》して、人間生命の慈悲《じひ》に基《もと》づく「智慧」に焦点《しょうてん》を当ててきました。私どもの信奉《しんぽう》する仏法に、こういう一節があります。

「仏教を習《なら》ふといへども心性《しんしょう》を観《かん》ぜざれば全く生死《しょうじ》を離《はな》るる事なきなり、若《も》し心外《しんがい》に道を求めて万行万善《まんぎょうまんぜん》を修《しゅ》せんは譬《たと》えば貧窮《びんぐ》の人日夜に隣《となり》の財《たから》を計《かぞ》へたれども半銭《はんせん》の得分《とくぶん》もなきが如《ごと》し」〔「一生成仏抄」、御書三八三㌻〕——仏教を習ったとしても、自分自身の心の本性《ほんしょう》（仏性《ぶっしょう》）を内観《ないかん》しなければ、まったく、生死の苦しみから離れることはできない。もし、心の外に道を求めて、万行万善を修《おさ》めたとしても、それは、たとえば貧窮《ひんきゅう》している人が、日夜にわたって、隣の人の財産を数《かぞ》えたとしても半銭の得もないようなものである——と。

仏教をはじめとして、総じて東洋的思考の特徴は、一切《いっさい》の知《ち》的営為《てきえいい》が、「自己とは何か？」「人間いかに生くべきか？」といった実存的《じつぞんてき》、主体的《しゅたいてき》な問いかけと緊密《きんみつ》に結びついて展開《てんかい》されている点にあります。〔前掲書六六〜六七頁〕

ＮＳＡ（米国家安全保障局）やＦＳＢ（露連邦保安庁）の通信担当部局などのシギント（通信情報を用いたインテリジェンス［諜報《ちょうほう》］活動）を行うインテリジェンス機関は、高度なハッキング技術を用いて、人々の電話、メールなどの情報を収集し、工作活動に利用している。そのことがしばしば深刻な人権侵害を引き起こしている。智慧の誤った使用の一例だ。池田氏は、〈一切《いっさい》の知《ち》的営為《てきえいい》が、「自己とは何か?」「人間いかに生くべきか?」といった実存的《じつぞんてき》、主体的《しゅたいてき》な問いかけと緊密《きんみつ》に結びついて展開《てんかい》されている〉べきであると考える。池田氏が的確に指摘していることであるが、科学技術を支える智慧を持たなくては、人類は幸福をつかむことができなくなる。

＊＊＊多様性を認める寛容の精神

第二に申し上げたいのは、「一様性《いちようせい》から多様性《たようせい》へ」の発想《はっそう》の転換《てんかん》であります。

私は、「国連寛容年《かんようねん》」の開幕にあたり、多様性の象徴《しょうちょう》ともいえる〝虹《にじ》の島〟ハワイにおいて、このテーマに言及することの意義《いぎ》を、深くかみしめております。「多様性の調和《ちょうわ》と融合《ゆうごう》」という、これからの人類の第一義の課題に、最先端《さいせんたん》で取り組んでおられるのが、皆さま方だからであります。その尊《とうと》い挑戦《ちょうせん》は、さながら、溶岩《ようがん》で覆《おお》われた不毛《ふもう》の大地に真《ま》っ先に根を張《は》り、深紅《しんく》の花を咲《さ》かせゆく、あの「オヒアの樹《き》」にもたとえられましょう。

思えば、近代文明《きんだいぶんめい》は、富《とみ》の蓄積《ちくせき》だけを目指す経済成長路線《ろせん》に象徴されるように、人間や自然の多様な個性《こせい》を切り捨《す》てて、ひたすら一元化《いちげんか》、一様化された画一的《かくいってき》な目標を追い続けてきました。こうして突《つ》き進んだ結果、遭遇《そうぐう》しているのが、環境破壊《はかい》をはじめとする、深刻《しんこく》な「地球的問題群《ぐん》」であります。〔前掲書七〇頁〕

一九九五年の時点で、池田氏はグローバルな問題を視野に入れて、宗教活動を行っている。地球的規模の問題を解決する鍵《かぎ》になるのが多様性を認める寛容《かんよう》の精神である。この点についても池田氏の以下の指摘が重要だ。

この多様性という点でも、仏教の叡智《えいち》には、多くの示唆《しさ》が含《ふく》まれていると、私は思っております。なぜなら、仏教でいう普遍的価値《ふへんてきかち》は、徹底《てってい》して内在的《ないざいてき》に追求されるため、画一化《かくいつか》し、一様化《いちようか》しようとしても、不可能だからであります。

仏典《ぶってん》に「桜梅桃李《おうばいとうり》の己己《ここ》の当体《とうたい》を改《あらた》めずして」〔「御義口伝《おんぎくでん》」、御書七八四ジペー〕とあります。すべてが桜に、あるいはすべてが梅《うめ》になる必要はない。なれるはずもない。桜は桜、梅は梅、桃《もも》は桃、李《すもも》は李として、それぞれが個性豊《こせいゆた》かに輝《かがや》いていけばよい。それが一番正《ただ》しいというのであります。

もとより「桜梅桃李」とは一つの譬喩《ひゆ》であって、それが人間であれ、社会であれ、草木国土であれ、多様性《たようせい》の重視《じゅうし》という点では原理は同じであります。

「自体顕照《じたいけんしょう》」というごとく、自《みずか》らの本然《ほんねん》の個性を、内から最高に開花《かいか》させていく。しかも、その個性は、いたずらに他の個性とぶつかったり、他の犠牲《ぎせい》の上に成り立つものではない。相互《そうご》の差異《さい》を慈《いつく》しみながら、花園《はなぞの》のような調和《ちょうわ》を織《お》り成していく。そこに、仏教の本領《ほんりょう》があるのであります。

仏典には、「鏡《かがみ》に向って礼拝を成す時浮《うか》べる影又我《かげまた》を礼拝するなり」〔同七六九㌻〕――鏡に向かって礼拝すれば、映《うつ》る姿もまた、私自身を礼拝するのである――という美しい譬《たと》えがあります。

仏教の精髄《せいずい》ともいうべき、万有《ばんゆう》を貫《つらぬ》く「因果律《いんがりつ》」の上から、他者の生命への尊敬《そんけい》が、そのまま鏡のごとく、自身の生命を荘厳《そうごん》していくという道理《どうり》が示されているのであります。

このように、人間や自然の万象《ばんしょう》は、縁《よ》りて生起《せいき》する相互関係性のなかで、互いの特質を尊重《そんちょう》し、生かし合いながら存在していくべきことを促《うなが》しているのが、仏教の縁起観《えんぎかん》なのであります。

しかも、その関係性は、まぎれもなく、万物《ばんぶつ》と連《つら》なりあう宇宙生命への直観《ちょっかん》に基《もと》づくものであります。

なればこそ仏法では、〝森羅万象《しんらばんしょう》のかけがえのない調和《ちょうわ》を絶対に壊《こわ》してはならない〟として、一切《いっさい》の暴力《ぼうりょく》を否定《ひてい》するのであります。〔前掲書七一～七三頁〕

池田氏の教えを核《かく》にする創価学会は、多元性を尊重し、寛容の原理の上で成り立っている。〈万有《ばんゆう》を貫《つらぬ》く「因果律《いんがりつ》」の上から、他者の生命への尊敬《そんけい》が、そのまま鏡のごとく、自身の生命を荘厳《そうごん》していくという道理《どうり》〉を社会において実現していくことがわれわれにとっての重要な課題だ。池田氏は仏教の縁起《えんぎ》観《かん》を、現代に甦《よみがえ》らせることによって平和を実現しようとするのである。

二十世紀の大量殺戮《さつりく》、大量破壊は、主権国家によって引き起こされた。国家主義という誤った宗教に人間が無自覚のうちに帰依《きえ》してしまったことによって、国権の発動としての戦争が行われたのである。戦争を避けるためには、主権国家を相対化し、「国家主権から、人間主権へ」の転換が不可欠である。

＊＊＊小説『人間革命』執筆から五〇年

今から、五〇年前、一九六四年の十二月に池田大作氏は、小説『人間革命』の執筆を開始した。その冒頭にはこう記されている。

黎《れい》明《めい》

戦争《せんそう》ほど、残酷《ざんこく》なものはない。

戦争ほど、悲惨《ひさん》なものはない。

だが、その戦争はまだ、つづいていた。

愚《おろ》かな指導者《しどうしゃ》たちに、率《ひき》いられた国民《こくみん》もまた、まことに哀《あわ》れである。

人びとは、八年に及《およ》ぶ戦火に、親を失《うしな》い、子を失っても、その苦しみに耐《た》えてきた。

しかし、一九四五年（昭和二十年）七月ごろには、いつ米軍《べいぐん》が本土に上陸《じょうりく》するかわからないという重苦しい空気が、人びとの心を締《し》めつけていた。

七月三日、午後七時――。

豊多摩《とよたま》刑務所《けいむしょ》（中野《なかの》刑務所）の、いかめしい鉄の門の外側《そとがわ》には、さっきから数人の人影《ひとかげ》が立ちつくしていて、人影の絶《た》えた構内《こうない》を、じっとみつめていた。かれこれ二時間にもなる。

あたりは閑散《かんさん》としていた。周囲《しゅうい》には、高いコンクリートの塀《へい》が、長々と巡《めぐ》らされていた。

蒸《む》し蒸しした一日が終わって、今、ひんやりとした風が、武蔵野《むさしの》の林から遠くそよぎ始めてきた。

その時、鉄門の右の隅《すみ》にある小さな鉄の扉《とびら》から、一人の、やせ細った中年の男が、いそぎ足で出てきた。手には大きな風呂敷包《ふろしきづつ》みをかかえている。そのいそぎ足がもつれた。

［『池田大作全集　第一四四巻　小説』聖教新聞社、二〇一二年、二一一頁］

「一人の、やせ細った中年の男」が国家権力《けんりょく》の不当弾圧《ふとうだんあつ》により投獄《とうごく》されていた戸田城聖氏（後の第二代創価学会会長）である。戸田氏が、豊多摩刑務所から仮釈放《かりしゃくほう》されたこの日から、日本は平和に向けた新たな構造転換《こうぞうてんかん》を始める。一九四五年八月十五日の終戦以前に、創価（教育）学会が平和に向けた働きかけを開始したことが小説『人間革命』を読むとよくわかる。

小説『人間革命』は、文学的に優れた作品であるということにとどまらず、創価学会員の物の見方、考え方を導く信仰の書である。小説『人間革命』では、政治を含む人間の生活のすべての領域に筆《ふで》が及んでいる。筆者は、創価学会員ではなく、プロテスタントのキリスト教徒なので、外部から創価学会を観察し、理解しようとつとめているにすぎない。そのため常に池田氏の著作をひもとき、読むようにしている。

筆者の仕事場の本棚には、『池田大作全集』が数十冊並んでいる。毎日、必ず、この全集を読むことにしている。現在は、小説『人間革命』［全集　第一四四～一四九巻］を再読している。「平和とは何か」「戦争とは何か」「国家とは何か」という三つの観点《かんてん》から小説『人間革命』を読んで、池田氏の思想を知りたいと思っているからだ。

民衆は戦争を欲しない。ただし、時の権力者に煽《あお》られて、民衆が戦争を礼賛《らいさん》することもある。しかし、それは、残酷で、悲惨な結果しかもたらさない。戦争は国家の行為である。それだから、戦争を起こさせず、平和を維持するためには、国家を相対化する必要がある。

池田氏が、一九九五年一月二十六日にハワイの東西センターで行った講演「平和と人間のための安全保障」において、「国家主権から人間主権へ」の転換が強調されている。筆者の理解では、この講演で、池田氏は小説『人間革命』で記したことと同じ事柄《ことがら》を、別の学術的な言語で語っているのである。

＊＊＊国連の意義を過小評価してはならない

池田氏は、国際連合の意義を高く評価する。それを二十一世紀への三つの発想の転換という枠組みでとらえる。国連との関係では、三番目の概念が最も重要になるので、池田氏はこう強調する。

第三に、「国家主権から人間主権へ」の発想《はっそう》の転換《てんかん》であります。

二十世紀の相次ぐ争乱《そうらん》の主役を演《えん》じてきたのは、何といっても主権国家であります。国《こっ》権《けん》の発動《はつどう》としての近代《きんだい》戦争は、ほとんど有無《うむ》をいわせず、すべての国民を大いなる悲劇《ひげき》へと巻き込んでまいりました。

両大戦ののち、苦渋《くじゅう》の経験を踏《ふ》まえて、国際連盟や国際連合が結成《けっせい》されたのも、一面から言えば、何らかの形で、国家主権を制限し、相対化《そうたいか》しうる上位のシステムを作り出そうとの試《こころ》みであったと思うのであります。しかし、その意欲的な試みも、今なお〝日暮《く》れて道遠し〟の感はいなめません。〔前掲書、池田大作『21世紀文明と大乗仏教――海外諸大学講演集』七四頁〕

池田氏がこの講演を行ってから、二〇年が経《た》った（編集部註＊本章執筆時）。二〇一四年三月、ロシアは、ウクライナのクリミアを自国に編入《へんにゅう》した。クリミア住民の圧倒的多数が、ウクライナの新政権を忌避《きひ》し、ロシアへの編入を望んでいたのは事実であるが、ロシアが自警団《じけいだん》という国籍不明《こくせきふめい》軍《ぐん》（実態はロシア軍）を展開して行われた住民投票は国際法に違反している。武力を背景に自国の領土を拡大したロシアの行為は、国連憲章を含む現行の国際法規範に違反している。しかし、国連には、ロシアの行動を改めさせる力がなかった。

しかし、このような状況であっても、国連の意義を過小評価してはならない。池田氏の見解に耳を傾けてみよう。

幾多《いくた》の難題《なんだい》を抱《かか》えながら、本年、国際連合は、満五十歳を迎えようとしております。私は、〝人類の議会〟たるべき国連は、あくまで対話による「合意」と「納得《なっとく》」を基調《きちょう》としたソフト・パワーを軸《じく》にして、従来の軍事中心の「安全保障《ほしょう》」の考え方から脱却《だっきゃく》しつつ、機能《きのう》の強化《きょうか》を図《はか》っていくべきであると信じる一人であります。

（中略）その際、何といっても、すべてのベースになるのは、国連憲章《けんしょう》が「我ら人民は」と謳《うた》い上げているように、「国家主権から人間主権へ」の座標軸《ざひょうじく》の変換《へんかん》であります。〔前掲書七四〜七五頁〕

事柄《ことがら》の本質を衝《つ》いた重要な指摘である。池田氏は、「国家主権から人間主権へ」の変換の必然《ひつぜん》性《せい》が、仏法に根拠づけられていると考える。そして、マガダ国がバッジ族を滅ぼそうとしたときの出来事について説明する。

また、覇権《はけん》主義の大国、マガダ国が、共和国を形成《けいせい》していたバッジ族を根絶《こんぜつ》しようとした際、釈尊がそれを思いとどまらせた有名なドラマも、まことに印象的《いんしょうてき》であります。マガダ国は当時のインドの一番の強国《きょうこく》でありました。

傲然《ごうぜん》と、侵略《しんりゃく》の意向を伝えに来たマガダ国の大臣を前にして、釈尊は、そばにいた門下《もんか》に、バッジ族について七つの質問を発した。
それは、敷衍《ふえん》して申し上げれば、
一、「会議・協議」を尊重《そんちょう》しているか？
二、「協同・連帯《れんたい》」を尊重しているか？
三、「法律・伝統」を尊重しているか？
四、「年配者《ねんぱいしゃ》」を尊重しているか？
五、「女性や子ども」を尊重しているか？
六、「宗教性・精神性」を尊重しているか？
七、「文化の人・哲学《てつがく》の人」を、内外を問わず尊《とうと》び、他国にも開かれた交流《こうりゅう》を重んじているか？
——の七ポイントであります。〔前掲書七六〜七七頁〕

＊＊＊「人間革命」によって社会は強化される

この七つは、いずれも人間にとって重要な価値だ。価値観によって、国家や政治を判断するという仏法の考え方を池田氏はわかりやすく提示している。引用を続ける。

答えは、いずれも「イエス！」でありました。それを受けて釈尊《しゃくそん》は「この七つを守っているのが見られる限りは、バッジ人には繁栄《はんえい》が期待され、衰亡《すいぼう》はないであろう」と語り、その征服《せいふく》が不可能であることを諭《さと》したのであります。

これが、釈尊の最後の旅で説《と》かれた「七不退法《ふたいほう》」すなわち、共同体を衰《おとろ》えさせないための七種の原則であります。

現代的にいえば、まさしく「安全保障《ほしょう》」の具体的な指標《しひょう》として、「軍備」ではなく、「民主」や「人権《じんけん》」や「社会開発《かいはつ》」等の観点《かんてん》が提唱《ていしょう》されていることは、刮目《かつもく》に値《あたい》するところでありましょう。

世俗《せぞく》の権力《けんりょく》を前にして、「無上《むじょう》の真理《しんり》の王」たる釈尊の威風《いふう》と威光《いこう》を伝え、面目躍如《めんもくやくじょ》たるエピソードの一つであります。〔前掲書七七頁〕

ここで重要なのは、池田氏が、〈釈尊の最後の旅で説《と》かれた「七不退法《ふたいほう》」すなわち、共同体を衰《おとろ》えさせないための七種の原則であります〉と述べていることだ。軍事力を強化し、国民を動員する法制度やイデオロギー教育によって国家を強くしようとしても、それは逆効果だ。国民がそのような国家の政策に対して、反発するか、協力するとしても消極的だからだ。

これに対して、共同体、すなわち社会を強化すれば、国家は自ずから強化されるのである。社会は人間によって構成されている。それだから、「人間革命」を先行させることによって、社会は強化されるのである。

池田氏は、国家のあるべき姿について日蓮大聖人の思想を敷衍している。

この点、日蓮大聖人も、一二六〇年（文応《ぶんおう》元年）、「民衆の嘆《なげ》きを知らない」最高権力者に対して、有名な「立正安国論《りっしょうあんこくろん》」を送り、烈々《れつれつ》たる諫暁《かんぎょう》を行いました。

以来、命《いのち》に及ぶ迫害《はくがい》の連続にありながら、

「王地に生れたれば身《み》をば随《したが》えられたてまつるやうなりとも心をば随えられたてまつるべからず」（「撰時抄《せんじしょう》」、御書二八七㌻）——王の支配する地に生まれたがゆえに、身は権力《けんりょく》に従えられているようであっても、心は絶対に従えられません——。

また、「願くは我を損《そん》ずる国主《こくしゅ》等をば最初に之《これ》を導《みちび》かん」（「顕仏未来記《けんぶつみらいき》」、同五〇九㌻）——願わくは、私を迫害《はくがい》した国主等を、最初に導いてあげよう——。

さらに、「難来《なんきた》るを以《もっ》て安楽《あんらく》と意得《こころうべ》可きなり」（「御義口伝《おんぎくでん》」、同七五〇㌻）——難が来たことをもって、安楽と心得るべきである——等の珠玉《しゅぎょく》の言葉を残しております。

儚《はかな》き無常《むじょう》の権力を見おろしながら、我が生命の「永遠《えいえん》の法理《ほうり》」に根差《ねざ》して、非暴力《ひぼうりょく》人間主義を貫《つらぬ》いていった姿であります。

こうした大闘争《だいとうそう》の真《ま》っただ中にこそ、何ものにも侵《おか》されぬ、金剛不壊《こんごうふえ》の「安楽《あんらく》」の境涯《きょうがい》があると私は信ずるのであります。

まことに、屹立《きつりつ》する人間の尊厳性《そんげんせい》の比類《ひるい》なき宣言《せんげん》といえましょう。それはまた、新世紀の地球文明を担《にな》いゆく世界市民たちの心に、深く強く、魂《たましい》の共鳴《きょうめい》を奏《かな》でゆくでありましょう。

以上、三つの発想《はっそう》の転換《てんかん》をめぐって、私なりの考察《こうさつ》を申し上げました。［前掲書七七〜七八頁］

＊＊＊

日蓮仏法の現代的意義とは

ここに記されていることから明らかなように、池田氏は日蓮仏法を現代に生き返らせたのである。われわれは、いまここで、池田氏を通じ、日蓮大聖人と出会うことができるのである。日蓮仏法に確固《かっこ》たる基点《きてん》を置いているので、池田氏の思想は、首尾一貫《しゅびいっかん》し、二十一世紀の世界を変化させる力を持つのである。

日蓮仏法の現代的意義を池田氏は、「人間革命」という言葉で表す。引用を続ける。

その帰結《きけつ》するところは、生命の内なる変革《へんかく》、すなわち〝智慧《ちえ》〟と〝慈悲《じひ》〟と〝勇気〟の「大我《たいが》」を開きゆく「人間革命《かくめい》」であります。

この一人の人間における本源的《ほんげんてき》な革命が、賢明《けんめい》なる民衆のスクラムとなって連動《れんどう》しゆく時、その潮流《ちょうりゅう》は、「戦乱《せんらん》」と「暴力《ぼうりょく》」の宿命的《しゅくめいてき》な流転《るてん》から、必ずや人類を解《と》き放《はな》つであろうことを私は信じてやまないのであります。

あの大戦中、創価教育学会の創立者《そうりつしゃ》である牧口常三郎初代会長は、軍部権力《けんりょく》と昂然《こうぜん》と戦い、獄中《ごくちゅう》にあっても信念《しんねん》の対話を続け、判事や看守《かんしゅ》まで仏法に導《みちび》きながら、七十三歳で獄《ごく》死《し》しております。

その精神を受け継《つ》ぎ、私は、三十五年前、ここハワイから、世界の民衆との対話を開始しました。

これからも生《せい》ある限り、「希望と安穏《あんのん》の二十一世紀」を創《つく》るために、諸先生方とともに、偉大《いだい》なる平和への智慧《ちえ》を涌現《ゆげん》し、結集させていく決心であります。〔前掲書七八〜七九頁〕

池田氏の「人間革命」を学ぶことで、二十一世紀に生きるわれわれは、国家主義という誤った宗教から解放され、真の人間性を回復することができるのである。小説『人間革命』は、一九九三年に完結する。池田氏は、『人間革命』の「あとがき」で、次のように綴っている。

昨年（一九九二年）の十一月二十四日、最後の原稿を書き上げ、「わが恩師 戸田城聖《じょうせい》先生に捧《ささ》ぐ 弟子《でし》 池田大作」と記した時、私の胸《むね》に、先生の微笑《ほほえ》む顔が浮《う》かんだ。偉大《いだい》なる恩師の真実に、どこまで迫《せま》ることができたかと思うと、汗顔《かんがん》の至《いた》りではあるが、今、弟子としての、一つの務《つと》めを果《は》たすことができた喜《よろこ》びをかみしめている。〔『池田大作全集 第一四九巻 小説』聖教新聞社、二〇一三年、五九二頁〕

池田氏は、その八カ月後、一九九三年八月六日に小説『新・人間革命』の原稿を書き始める。その冒頭《ぼうとう》を引用する。

旭《きょく》 日《じつ》

平和《へいわ》ほど、尊《とうと》きものはない。
平和ほど、幸福《こうふく》なものはない。
平和こそ、人類《じんるい》の進《すす》むべき、根本《こんぽん》の第一歩《だいいっぽ》であらねばならない。

〔池田大作『新・人間革命　第一巻』聖教ワイド文庫、二〇〇三年、一一頁〕

ハワイの東西センターの講演では、学術的形態《けいたい》で書かれていた内容が、『新・人間革命』では、文学者の言葉で記されているのである。

第10章

生命尊厳と人間の幸福

1996年
コロンビア大学ティーチャーズ・カレッジ
＊＊＊
「『地球市民』教育への一考察」

*** 創価学会の目的は「価値の創造」

池田大作氏は、教育を司法、立法、行政と並ぶ第四権と位置づける。ハーバード大学神学部で二〇〇九年まで教鞭《きょうべん》を執《と》った国際的に著名なプロテスタント神学者のハービー・コックス博士(一九二九年生まれ)は、池田氏との対談で、創価学会の教育観について興味深いやりとりをしている。

コックス◆私が理解する限り、創価学会の目的は「価値の創造」にあります。私は、これは非常に重要な視点《してん》であると思います。

一般に私たちは、価値的な教育とか道徳的《どうとくてき》な理論とかを大いに論じるものですが、すでに存在するものをただ「複製《ふくせい》」するのではなく、現実に価値を「創造」することが重要です。なぜなら歴史は絶《た》えず進展《しんてん》しているからです。そこには新しい挑戦が現れます。このため、私たちには新しい価値の識見《しきけん》が必要です。

過去のやり方を単に踏襲《とうしゅう》するような教育は、限界があります。何らかの新たな創造へと人々を鼓舞《こぶ》するような、いや、むしろ人々を突き動かすような教育が必要なのです。こうした意味において、牧口初代会長は真の教育の改革者でした。

池田◆深いご理解に感謝します。

牧口会長は、本当に偉大な教育者でした。小学校の校長として、現場での経験に基づいた「生きた教育学」を生み出していかれた。教育の目的は、「子どもの幸福」であるとの信念を貫《つらぬ》き、実践《じっせん》された。その真摯《しんし》な姿勢は、時として地域の横暴《おうぼう》な有力者の不興《ふきょう》を買い、学校を左遷《させん》させられるなどの圧迫《あっぱく》を、たびたび受けています。

「教育改革」への挑戦から始まった牧口会長の取り組みは、やがて日蓮仏法《にちれんぶっぽう》との出合いによって、人間を本源的《ほんげんてき》に向上《こうじょう》、変革させゆく宗教運動へと進んでいきます。どうしたら、最も価値ある人生を送ることができるのか。最高の価値を創造できるのか。牧口会長は、その答えを日蓮仏法に見出したのです。

ともあれ、牧口初代会長、戸田会長の志《こころざし》を受《う》け継《つ》いで、私は幼稚園《ようちえん》から大学院にいたる創価教育の学舎《まなびや》を世界各地に設立しました。今、その卒業生たちが世界を舞台に、平和のため、人類のために目覚《めざ》ましい貢献をしています。この事実ほど、私にとってうれしいことはありません。

コックス◆日本の創価学園、創価大学をはじめ、アメリカ創価大学などの発展の様子は、私もよく伺っています。［ハービー・コックス／池田大作『二十一世紀の平和と宗教を語る』潮出版社、

〔二〇〇八年、一八五〜一八七頁〕

プロテスタントのキリスト教徒であるコックス氏は、創価学会の外側の人間だ。コックス氏は、プロテスタント神学者として、現代に生きている宗教としての創価学会に強い関心を持っている。そして、「価値の創造」に創価学会の目的があると見る。筆者もプロテスタント教徒であるが、コックス氏の見解《けんかい》に全面的に賛同する。

池田氏は、「創価教育の学舎《まなびや》」を世界各地に設立することによって、新たな価値の創造に向けて世界の人々を鼓舞《こぶ》し、突き動かしているのである。教育は、知識や技術の単なる伝達ではない。価値観を欠いた知識のみの延長が、人類に禍《わざわい》をもたらすことは、軍事における核兵器、生物・化学兵器などの大量破壊兵器の技術、インテリジェンス(諜報)で用いられる情報操作(ディスインフォメーション)、謀略《ぼうりゃく》(コンスピラシー)の技法に端的《たんてき》に現れている。知識を身につけると同時に教育の正しい方法論が重要になる。

＊＊＊

真の教育は師弟関係にある

池田氏は、一九九六年六月十三日に米国コロンビア大学ティーチャーズ・カレッジで「『地球市民』教育への一考察」と題する講演を行った。この講演記録を読み解くことを通じて、創価教育について学びたい。

池田氏において、思想は常に経験と結びついている。教育を重視するようになった理由について池田氏はこう述べている。


私自身の「教育」に寄せる決意と情熱は、第二次大戦の戦争体験から発するものであります。四人の兄を、ことごとく兵隊にとられ、長兄はビルマ（現在のミャンマー）にて戦死。三人の兄も、ボロボロの軍服を身につけて、戦後、一、二年を経て、哀れな姿で中国大陸から帰ってまいりました。

年老いた父の苦しみ、母の悲しみは、まことに痛切なものがありました。

その長兄が、一時、中国から戻ってきた折、日本軍の残虐非道に憤慨していたことも、私には、終生《しゅうせい》、忘れることはできません。

戦争の残酷さ、愚かさ、無意味さを、私は、激しい怒りとともに、若きこの命の奥深く刻んだのであります。〔『創立者の語らい　記念講演篇Ⅲ』創価大学学生自治会、二〇〇四年、八二～八三頁〕

戦争という残酷《ざんこく》で悲惨《ひさん》な出来事を繰り返してはいけないという思いが、池田氏の教育論の根本にある。この池田氏の思いは、戸田城聖氏との出会いによって、一層深まる。真の教育は、師弟関係を通じてなされる。池田氏は、戸田氏を通じて、牧口常三郎氏の教育論を知る。二代の師弟関係を通じて、偉大な教育思想が継承《けいしょう》、発展していくのである。この点について、池田氏は次のように述べている。

一九四七年、私は、戸田城聖という傑出《けっしゅつ》した教育者に出会いました。戸田は、師である牧口とともに、日本の侵略戦争に反対し、投獄されておりました。牧口は獄死。戸田は、二年間の獄中闘争を生き抜いてきました。

この事実を知った時、十九歳の私は、この人なら信じられると直感し、弟子となりました。

戸田は常々、「生命の尊厳」を深く尊重しゆく新しい世代を育成する以外に、戦争の恐怖の流転《るてん》を押しとどめることは絶対にできないと叫び、「教育」の重要性を、声高く強調しておりました。〔前掲書八三～八四頁〕

池田氏は、恩師である戸田城聖氏の〈「生命の尊厳」を深く尊重しゆく新しい世代を育成する〉という方針を継承し、発展させたのである。教育の基礎には「生命の尊厳」がえられなくてはならない。この基礎を欠いて、知識のみを延長することの危険性について、池田氏は警鐘《けいしょう》を鳴らす。

要するに、教育は、人間のみが為し得られる特権であります。人間が、人間らしく、真の人間として、善なる使命を悠々《ゆうゆう》と、また堂々と達成しゆく原動力であります。知識のみの延長《えんちょう》は、大量殺戮の兵器となりました。

反対に、人間社会を最大に便利にし、最大に産業的に、豊かにさせてくれたのも、また知識の延長でありました。

その知識というものを、すべて、人間の幸福のほうへ、平和のほうへもっていく本源が、実は、教育であらねばならないでしょう。

ゆえに、教育は、永遠なる人道主義の推進力になっていかねばならないと思うのでありま す。

私は、教育を、人生の最終にして最重要の事業と決めてまいりました。

だからこそ、レヴィン学長の、

「教育は、社会の変革のための最も効果の遅い手段かもしれない。

しかし、それは、変革のための唯一の手段である」

という信条に、私は深く共感を覚えるのであります。〔前掲書八四～八五頁〕

***危機を超克するために必要なものとは

知識自体は、善でも悪でもない、価値中立的な無記なものである。知的活動は、人間にのみ許された特権だ。この特権を悪用しない正しい思想が必要なのである。その思想は、人間の幸福、平和を追求するものでなくてはならないという信念を池田氏は持っている。そして、この信念を創価学会員は共有している。ここに創価学会の強さが端的《たんてき》に表れている。

池田氏は、われわれが複合した危機に直面しているという現実から目を逸《そ》らしてはならないと強調する。


今日《こんにち》、地球社会は、複合的に絡み合った危機に直面しております。

戦争、環境破壊、「南北」の発展の格差、民族・宗教・言語などの相違による人間の分断……。問題は山積し、解決への道のりは、あまりにも遠いように見えます。

しかし、これらの問題群の底流にあるものは、一体、何か。

それは、あらゆる分野において、「人間」を見失い、「人間の幸福」という根本の目的を忘れてきた失敗であると、私は考える一人であります。

ゆえに、「人間」こそ、私たちが立ち戻り、また新たな出発をすべき原点でなければなりません。人間革命が必要となっています。

デューイ博士と私の先師・牧口常三郎の思想には、多くの共通点がありました。特に、新しい「人間」教育の創出こそ、二人が共有した深き理想でありました。

デューイ博士いわく、「人間は、学ぶことによって人間となる」と。〔前掲書八五〜八六頁〕

現代の地球社会が直面している複合的な危機を超克《ちょうこく》するためには、「人間の幸福」という根本を取り戻すことが必要であると池田氏は強調する。この「人間の幸福」という概念を牧口常三郎氏は教育の目的にした。そして、その幸福は、人間の具体的な生活の中で実践すべきであると強調する。この生活の中で幸福を実現するという考え方で、牧口氏は、米国の代表的な哲学者で教育学者であるジョン・デューイ（一八五九〜一九五二年）と共通の認識を持っている。牧口氏の『創価教育学体系』（一九三〇年）の「第二篇　教育目的論　第一章　教育の目的としての幸福」の冒頭《ぼうとう》にこう記されている。

教育の目的たるべき文化生活の円満なる遂行を、如実《にょじつ》に言ひ表はす語は幸福以外にはないであらう。これは吾々が数十年来の経験からも思索からも、これこそ総ての人の希望する人生の目的を最も現実的に、率直に表現したもので、而かも妥当なるものであると信ずるのである。即ち被教育者をして幸福なる生活を遂げしめる様に指導するのが教育である。教育者や教育を希望する父兄などが、自己の生活の慾望の為に、被教育者を手段とするのでなく、被教育者それ自身の生活を教育活動の対象となし、その幸福を図るを以て、教育の目的とするのである。反言すれば被教育者の生長発展を幸福なる生活の中に終始せしめんとするのでなければならぬ。ヂヨン・ヂユイー氏（引用者註＊ジョン・デューイ）が「生活のために、生活に於て、生活によつて」というたのは吾々教育者の味ふべき語である。（『牧口常三郎全集 第五巻 創価教育学体系（上）』第三文明社、一九八二年、一二四頁）

教育は、教育を受ける者を本位にして行わなくてはならない。教育を受ける児童、生徒、学生が、各人の生活の中で幸福をつかむことができるようにすることが教育の目的であると牧口氏は考える。池田氏は、この牧口氏の教育論を思想的に一層《いっそう》深化《しんか》させ、こう述べる。

（デューイ）博士と牧口は、地球の西と東の対極にあって、ほぼ同時代を生きました。ともに、近代化の進展に伴う秩序の混乱のなかで、希望の〝未来〟を切り開くために格闘を続けたのであります。

デューイ博士の研究から多大な影響を受けた牧口は、児童や学生の「生涯にわたる幸福」こそが、教育の目的であると、高らかに主張いたしました。

そして、その真の幸福とは、「価値創造」の人生にある――これが、彼の信念でありました。

この「価値創造」とは、端的にいうならば、いかなる環境にあっても、そこに意味を見いだし、自分自身を強め、そして他者の幸福へ貢献しゆく力のことであります。牧口は、この独創的な教育思想を、仏法の深遠なる生命哲理の探究のなかで構築しました。〔前掲書、『創立者の語らい　記念講演篇Ⅲ』八六〜八七頁〕

池田氏は、牧口氏の教育論がネーション・ステイト（国民国家、民族国家）の限界を超克していたことに注目し、この二人が「地球市民」という枠組みで教育について考えていたと指摘する。

二人は、地球規模で価値創造のできる人間、すなわち「地球市民」のビジョンを抱いていたといえるのであります。

「地球市民」の要件とは、何か。この数十年、世界の多くの方々と対話を重ねつつ、私なりに思索してまいりました。

それは決して、単に何カ国語を話せるとか、何カ国を旅行したということで、決まるものではない。

国外に一回も出たことがなくても、世界の平和と繁栄を願い、貢献している気高き庶民を、私は数多く友人としております。

ゆえに、「地球市民」とは、たとえば——
一、生命の相関性を深く認識しゆく「智慧の人」
一、人種や民族や文化の〝差異〟を恐れたり、拒否するのではなく、尊重し、理解し、成長の糧としゆく「勇気の人」
一、身近に限らず、遠いところで苦しんでいる人々にも同苦し、連帯しゆく「慈悲の人」——と考えても間違いないと思うのであります。〔前掲書八八〜八九頁〕

池田氏は、菩薩こそが「地球市民」のモデルであることを説いていく。そして、仏法の世界観《せかいかん》に基《もと》づき世界の相互依存的存立様式を強調する。

この〝智慧〟と〝勇気〟と〝慈悲〟を具体的に展開していくために、仏法の世界観、なかんずく森羅万象の相依《そうえ》・相関性の原理が、確かな基盤となると、私は思う一人であります。

仏典には、多様な相互依存性を現わす美しい譬えが記されております。

生命を守り育む大自然の力の象徴でもある帝釈天《たいしゃくてん》の天宮には、結び目の一つ一つに、「宝石」が取りつけられた「宝の網」がかかっている。その、どの「宝石」にも、互いに、他のすべての「宝石」の姿が映し出され、輝いているというのであります。

アメリカ・ルネサンスの巨匠ソローが観察しているように、「われわれの関係性は無限の広がり」をもっております。

この連関に気づく時、互いに生かし、生かされて存在する「生命の糸」をたどりながら、地球の隣人の中に、荘厳な輝きを放つ「宝石」を発見することができるのではないでしょうか。

仏法は、こうした「生命」の深き共感性に基づく〝智慧〟を耕しゆくことを、促しております。なぜならば、この〝智慧〟が、〝慈悲〟の行動へと連動していくからであります。

〔前掲書八九～九〇頁〕

池田氏がここで述べる〝智慧〟とは単なる知識の集積《しゅうせき》でもなければ、処世術《しょせいじゅつ》でもない。他者の固有性を尊重した上で、他者を理解し、その人のために何ができるかを考え、行動することである。

池田氏にとって〝智慧〟は実践的なのである。そして〝智慧〟は、人間的な好悪《こうお》の感情を超克《ちょうこく》する働きでもある。ただし、好悪の感情の超克とは、嫌いなものを無理矢理に好きになることではない。

それゆえ、仏法で説く〝慈悲〟とは、好きとか、嫌いという人間の自然な感情を、無理やりに抑えつけようとすることでは決してありません。そうではなく、たとえ嫌いな人であったとしても、自身の人生にとっての価値を秘めており、自己の人間性を深めてくれる人となり得る。こうした可能性に目を開きゆくことを、仏法は呼び掛けているのであります。

また、「その人のために何ができるか」と真剣に思いやる〝慈悲〟の心から、〝智慧〟は限りなくわいてくるというのであります。〔前掲書九〇頁〕

「その人のために何ができるか」を第一義的に考えるのが創価学会員の特徴である。創価学会は、〝慈悲〟の実践によって成り立っている宗教教団である。

さて、人間は複雑な存在である。どのような人にも善い面もあれば、そうでない面もある。池田氏はこのような人間の複雑性を等身大に受け止めることの重要性を説く。

さらに、仏法では、すべての人間の中に、「善性」と「悪性」がともに潜在していることを教えております。

したがって、どのような人であったとしても、その人に備わる「善性」を信じ、見いだしていこうという決意が大切であります。その〝勇気〟ある行動の持続に、〝慈悲〟は脈打っていくというのであります。

それは、自分が関わり続けることによって、他者の生命の尊極なる「善性」を引き出そうとする挑戦であります。

他者と関わることは、〝勇気〟を必要とします。

〝勇気〟がなければ、〝慈悲〟といっても、行動に結実せず、単なる観念で終わってしまう場合が、あまりにも多いからであります。〔前掲書九一頁〕

＊＊＊

菩薩道の実践こそが池田思想の根幹

ここでも真の仏教者としての池田氏の実践的性格が表れている。頭で〝慈悲〟を理解していても、それが具体的な行動に結び付かなければ意味がないのである。〝慈悲〟を行動に結びつけるのが〝勇気〟である。〝智慧〟と〝勇気〟と〝慈悲〟によるトリアーデ（三つで一つのもの）を備えた人格が菩薩である。

仏法においては、〝智慧〟と〝勇気〟と〝慈悲〟を備え、たゆみなく他者のために行動しゆく人格を「菩薩」と呼《よ》んでおります。

その意味において、「菩薩」とは、時代を超えて、〝地球市民〟のモデルを提示しているといえるかもしれません。［前掲書九一〜九二頁］

池田氏は、悟《さと》りを開いたという点では仏であるが、衆生を救済するためにこの世にとどまっている菩薩なのである。菩薩道の実践が池田思想の根幹で、創価学会員の行動規範なのである。菩薩道との関係で池田氏は仏典にある勝鬘夫人《しょうまんぶじん》の誓願《せいがん》を重視する。

仏典によれば、釈尊と同時代にあった、勝鬘夫人という女性は、人間教育者として、人々に語りかけていきました。

彼女は、あらゆる人々の中にある尊極の「善性」を、母のごとき慈愛で、守り育んでいくのが、「菩薩」であると説いております。
彼女は、誓願します。
「私は、孤独な人、不当に拘禁され自由を奪われている人、病気に悩む人、災難に苦しむ人、貧困の人を見たならば、決して見捨てません。必ず、その人々を安穏にし、豊かにしていきます」と。
そして、具体的には、
「愛語《あいご》」(思いやりのある優しい言葉をかけること、すなわち対話)
「布施《ふせ》」(人々に何かを与えゆくこと)
「利行《りぎょう》」(他者のために行動すること)
「同事」(人々の中に入って、ともに働くこと)
という実践を通しながら、人々の「善性」を薫発《くんぱつ》していったのであります。
菩薩の行動は、すべての人々に内在する「善性」を信ずることから始まります。〔前掲書九二～九三頁〕

＊＊＊人間の〝善性〟を引き出す技法が知識

創価学会員は、池田氏がここで説いた菩薩道を日々の活動の中で実践しているのである。このことが二十一世紀に生きている宗教である創価学会のエネルギーの源泉になっている。創価学会員については、対話を通じて人間の「善性」を引き出すことが重要になる。池田氏は、知識とは人間の〝善性〟を引き出す技法であることを強調する。

この「善性」を引き出すための知識でなければならない。譬えて言えば、精密な機械をもった飛行機をどのように安穏に無事に目的地へと導いていくか、ということであります。要するに、そのためには、〝破壊や分断をもたらす根源的な悪もまた人間生命に内在する〟という洞察が必要であります。

ゆえに菩薩は、仏法で説く「元品《がんぽん》の無明《むみょう》」を真っ正面から見つめ、対決していくのであります。〔前掲書九三頁〕

池田氏は、人間の本質が善であると単純化してしまうことを戒《いまし》める。複雑な人間存在の中にある悪からも目を逸《そ》らすべきでないと強調する。人間の「善性」は他者との連帯、共生を志向する。これに対して、人間に内在する悪は、人間の分断をもたらしていく。池田氏は、大我と小我という概念を駆使《くし》して人間存在を弁証法的に理解する。

人間の内なる「善性」とは、自己と他者の〝共生〟と〝連帯〟を促します。反対に「悪の心」は、人間を他の人間から切り離し、さらには人間と自然をも切り裂き、「分断」をもたらしていってしまうものであります。

人間としての共通性に目を閉ざし、他者との差異に執着する「分断」の病理は、個人の次元を超えて、「集団エゴイズム」の本性でもあります。

それは特に、排他的・破壊的な民族中心主義、国家中心主義の深層に、顕著に表れているのであります。〔前掲書九三～九四頁〕

池田氏のこの指摘は、二〇一四年秋時点できわめて重要な意味を持っている。シリア、イラクにおけるスンニー派イスラーム原理主義過激派「イスラーム国」（IS）の影響力拡大、ウクライナの東部における政府軍と反政府親露派武装集団との戦いが、人間の「集団的エゴイズム」の病理を表していく。

池田氏はこのような病理を治療するための的確な処方箋を提示する。ここで重要になるのは、大我と小我を弁証法的に理解することである。排他《はいた》主義、破壊《はかい》活動、自民族中心主義、国家中心主義はいずれも小我である。


このような「小我」を克服しゆく戦い、すなわち「大我」を覚知し、「自他ともに益する」行動に打って出るのが菩薩であります。

教育は、本来、菩薩の営みであります。

教育は、教育を受けていない人々に、無形・有形に奉仕していく、誇りある使命をもたねばならないでしょう。

教育は、肩書、地位、権威につながる場合もある。しかし、それよりも、自分自身の人格完成、また他者への偉大なる心をもっての包容と貢献につながっていくべきものであろうと思う一人であります。

教育は、汝自身に勝ち、社会に出て勝ち、そして人類の未来に対して、勝ちゆける力を意義するものでなければなりません。〔前掲書九四〜九五頁〕

＊＊＊教育は師弟によってのみ完成する

教育は立身出世《りっしんしゅっせ》のための手段ではない。菩薩道即教育、教育即菩薩道なのである。教育によって自分自身の人格を完成させる。そして、自分が教育によって受けた恩恵を他者のために用いるのである。菩薩は他者のために生きる存在である。池田氏は、まさに菩薩として教育を行っているのである。

教育は抽象的《ちゅうしょうてき》な概念《がいねん》ではない。また、教科書や参考書を読んで、練習問題を繰り返し行い、入学試験や資格試験に合格することが教育の目的でもない。教育とは、具体的人間関係の中でなされるものである。師弟関係を通じてのみ、血肉化《けつにくか》するのである。池田大作氏は、恩師である戸田城聖創価学会二代会長からまさにこのようなほんものの教育を受けている。

私自身、ほとんどの教育を、私の人生の師・戸田城聖の個人教授から受けました。約十年の間、毎朝、そして、日曜日は朝から一日中、個人教授を恩師から一対一で、歴史、文学、哲学、経済、科学、組織論等々、万般にわたって受けたのであります。

また恩師は、毎日のように、「今、何の本を読んでいるのか」と尋ねました。それは、質問というよりも、尋問のような厳しさでありました。

何よりも私は、恩師の人格から学《まな》びました。

投獄にさえひるまなかった、平和へのあの断固たる情熱を、恩師は終生、燃やし続けました。

そして、苦悩の民衆の中に分け入って、人々と交流を間断なく続けました。その深き人間愛こそ、私が恩師よりもっとも教えられたものなのであります。

今の私の九八％は、すべて、恩師より学んだものであります。

「創価教育」、すなわち価値創造を掲げた一貫教育のシステムは、私が受けてきた、このような人間教育を、未来の世代にも贈りたいとの願いを込めて創立《そうりつ》したものであります。

この創価教育の卒業生《そつぎょうせい》たちが、新たな人間主義の歴史を綴る「地球市民」と育ちゆくことこそが、私の最大の希望であります。〔前掲書九九～一〇〇頁〕

まさにこれが創価教育の真髄《しんずい》だ。創価という言葉の起源について、創価大学公式ウェブサイトではこう記されている。

「創価」の名前は牧口先生と戸田先生の師弟の対話から生まれました。

「戸田先生が牧口先生に「先生の教育学は、何が目的ですか」と尋ね、牧口先生は「一言すれば、価値を創造することだ」と答えられました。「価値創造哲学」「価値創造教育学」「創造教育学」などの案が出されるなか、創造の「創」と、価値の「価」を取り、「創価教育学」との名前が紡ぎ出されたのです。〔http://www.soka.ac.jp/about/sun/number68/〕

牧口教育学は、戸田氏を通じて、池田氏に継承されているのである。

第11章

一念の変革と菩薩道の実践

1996年
キューバ国立ハバナ大学
＊＊＊
「新世紀へ　大いなる精神の架橋を」

＊＊＊決してあきらめない偉大な宗教人

一九九一年十二月にソ連が崩壊《ほうかい》した。それまでに中東欧《ちゅうとうおう》の社会主義諸国はすべて資本主義に体制を転換していた。世界で、社会主義を掲げる国は、中国、北朝鮮、ベトナム、キューバの四カ国になった。そのうち、中国とベトナムは、共産党体制が堅持《けんじ》されているが、経済は資本主義によって運営されている。北朝鮮とキューバだけが、自由、民主主義、市場経済という世界の圧倒的多数の諸国が受け入れている価値観と異なる独自の価値観に基づく社会主義体制をとっている。

池田大作氏は、世界的規模で菩薩道《ぼさつどう》を実践している。体制が異なっていても、広宣流布《こうせんるふ》の可能性がある場所に出かけていき、日蓮仏法を普及していこうとするのである。ソ連体制が崩壊してから四年半後、一九九六年六月二十五日に、池田氏は、社会主義の孤塁《こるい》を守るキューバ共和国の国立ハバナ大学アウラ・マグナ講堂において「新世紀へ　大いなる精神の架橋を」と題する講演を行った。池田氏は、キューバ共和国から「フェリックス・バレラ最高勲章（文化功労の最高勲章）」、ハバナ大学から「名誉文学博士号」を授《さず》けられた。

池田氏は、この栄誉を創価学会の戸田城聖第二代会長に捧《ささ》げる。そして、「決してあきらめない人間」をキーワードにした講演を行う。

> 私は、この栄誉を、私の恩師である戸田第二代会長に、捧げたいと思うのであります。貴国の偉大なる精神の父であり、共和国の英雄であるホセ・マルティは、「民衆が疲れても、決してあきらめない人間」に、歴史変革の光明を求めております。
> わが恩師は、まぎれもなく、そうした勇者の一人でありました。一国をあげて、アジアへの侵略戦争に暴走しゆくなか、恩師は、先師・牧口初代会長とともに、日本の軍部ファシズムに抵抗し、投獄されました。
> しかし、二年間の獄中闘争を敢然と勝ち越え、獄死した牧口の平和への遺志を受け継ぎ、五十一年前、敗戦の焼け野原に一人立ったのであります。その出獄の日が、まもなく巡り来る七月三日であります。〔『創立者の語らい 記念講演篇Ⅲ』創価大学学生自治会、二〇〇四年、一〇五頁〕

池田氏が指摘するように、牧口常三郎初代会長、戸田城聖第二代会長は、どんな逆境《ぎやつきよう》においても、決してあきらめない偉大な宗教人だった。

そして、牧口氏、戸田氏、池田氏の三代会長によって、「決してあきらめない人間になる」という価値観、人生観が創価学会員に共有されている。戸田氏が、豊多摩《とよたま》刑務所から仮釈放《かりしやくほう》された一九四五年七月三日は、決してあきらめない人間である戸田氏が、日本と世界の平和に向けて一歩を踏み出した歴史を画《かく》する日なのである。

池田氏は、ホセ・マルティの「人間の尊厳」の思想と戸田氏の生命観に親和性《しんわせい》を認めこう述べる。


「人間の尊厳と相いれないものは、全て滅びる運命にある」というホセ・マルティの信念は、そのまま恩師の歴史観でもありました。

ゆえに恩師は、「人間の尊厳」なかんずく「生命の尊厳」に一切の焦点を当てました。民衆一人一人が、尊極なる「生命」の価値に目覚め、生活に、人生に、社会に価値を創造していく――この〝内面の変革〟を基軸とする「人間革命」という大道を、恩師は踏み出したのであります。〔前掲書一〇六頁〕

＊＊＊冷戦はキューバで続いている

マルクス主義は、社会革命を説く。こういう革命理論は、社会が人間によって構成されているという現実を忘れてしまう。創価学会は、人間が、過去の自然のままではなく、正しい価値観を持った人間に変わることが第一義的に重要であると考える。社会革命の前に人間革命が起きるのである。人間革命を欠いた社会変革は、一時的に順調に進んでいるように見えても、すぐに綻《ほころ》びがでてくる。社会に価値を創ることができるような人間になる「内面の変革」が何よりも重要なのである。

この内面の変革は、個人で本を読む、道徳的に生きるように修養《しゅうよう》するなどの手段によっては実現できない。正しい価値観に基づいて、現実の世界と格闘しながら生きている恩師から、具体的人間関係を通じて、全人格的に体得する以外の道はないのである。創価学会が師弟関係を重視するのは、このような具体的人間関係を通じてしか、人間革命が実現しないと考えるからだ。

さて、この講演で池田氏は、戸田氏が東西冷戦構造の中で、地球民族主義を提唱したことについて言及《げんきゅう》する。冷戦は、一九八九年十一月の「ベルリンの壁」崩壊から九一年十二月のソ連崩壊によって消滅《しょうめつ》した過去の出来事とわれわれは考えている。しかし、依然として社会主義体制を堅持しているキューバにとって、この講演が行われた一九九六年時点においても冷戦は続いているのである。それだから、冷戦の克服《こくふく》について、池田氏はあえて言及するのだ。

冷戦が激化するなかで、恩師は、敢然と「地球民族主義」の理念を提唱いたしました。その志向するところは、現代的にいえば、「トランス・ナショナル」、すなわち、偏狭な民族中心主義を克服し、人類の共通の課題に挑みゆくことにあります。

ここに、仏法の人間主義を基調として、世界の民衆を結びゆく、私どもの「平和」と「文化」と「教育」の運動の原点があります。

二十一世紀に始まる新しい千年には、「人間の尊厳」を基盤とした、〝希望〟と〝調和〟の文明を、断固として築いてまいりたい。

その深き願いをこめ、本日は、「新世紀へ　大いなる精神の架橋を」と題して、ホセ・マルティの思想と対話を交しながら、若干の考察を加えさせていただきたいと思うのであります。〔前掲書一〇六～一〇七頁〕

池田氏は、桂冠詩人である。それだから、ホセ・マルティの「詩心」というキーワードに着目し、その内容を思想的に究明する。

私が注目したいのは、ホセ・マルティが不可欠としていた「詩心」による〝個と全体の架橋〟であります。人間の心の律動を、大宇宙、大自然のリズムと和合させながら、悠久なる時空のなかで、幸福へ、平和へと高め、開いていく――それが、「詩心」といってよいでありましょう。

古来、〝人間〟と〝社会〟と〝宇宙〟を結ぶ架橋の役割を担ってきたのが、生命に躍動

する「詩心」でありました。〔前掲書一〇七～一〇八頁〕

古来、人間は、宇宙を直観《ちょっかん》することができた。近現代人には、宇宙を直観することが難しくなった。それは、近代以降、個体がすべてであるというアトム（原子）的世界観が主流になったからだ。アトム的世界観に立つと、社会が有機的《ゆうきてき》一体性を持っているということも理解できなくなってしまう。しかし、近現代においても詩人は、宇宙を直観し、人間が社会的存在であることを、皮膚感覚《ひふかんかく》として理解することができる。

池田氏が詩を重視するのは、詩という表現形態に、近代の限界を突破する契機《けいき》があると認識しているからだ。それだから、池田氏は、ホセ・マルティの「詩で教育せよ！」との言葉に共感してこう述べる。

現代社会から、「詩心」の喪失が指摘されて久しくなりますが、それは、現代人が、〝断片〟と化し、閉ざされた空間で呻吟している証左といわざるを得ません。だからこそ、「詩で教育せよ！」というホセ・マルティの呼びかけが、強く迫ってくるのであります。

〝人間の目が、かつて見たこともないほど美しい〟と称えられるカリブの島に、人情味あふれる人生模様を織り成すキューバ。その街角で、浜辺で、そして何げない会話のなかで、多くの詩が自然に語り合われている——なんと心豊かな光景でありましょうか。

貴国の人々は、ホセ・マルティがいう「魂の叫びである詩の翼」を育んでおられるように思えてなりません。それは、世界的に文学の衰退が憂慮されるなか、貴国をはじめラテン・アメリカ文学が、ひときわ活況を呈し、旺盛な生命力をたたえている事実からも、うかがわれるのであります。

ホセ・マルティの名が、その第一ページに記されている、文学史上に不滅の「モデルニスモ（近代主義）」運動しかり、詩人のギリェンに象徴される「ネグリスモ（黒人芸術）」の運動も、またしかりであります。

これらの精神的営為は、とりもなおさず、自らが何者であるかを真摯に模索し、みずみずしい「生の全体性」を回復せんとする運動であった、といってもよいのではないでしょうか。〔前掲書一〇八〜一〇九頁〕

＊＊＊

ホセ・マルティの「詩心」と菩薩道

池田氏は、「詩心」の本質を仏法の視座《しざ》から説明する。そのことによって、「詩心」を人間を苦難から救済することに結びつけていく。

仏典では、人間の生命と宇宙の活動との〝相応性〟を、具体的に、次のように説いております。

「鼻の息の出入は、山沢渓谷《さんたくけいこく》の中の風に法《のっ》とり、口の息の出入は、虚空の中の風に法とり、眼は日月に法とり、開閉は昼夜に法とり、髪は星辰《せいしん》に法とり、眉は北斗に法とり、脈は江河に法とり、骨は玉石に法とり、皮肉は地土に法とり、毛は叢林《そうりん》に法とり」と。

このように、仏教は、人間の内なる「小宇宙」と、外なる「大宇宙」との密接不可分な関係性を、精妙に説いているのであります。

それは、大宇宙のリズムに調和し、共鳴しゆく、人間の「生の全体性」であります。

宇宙の森羅万象は、〝一念〟、すなわち、人間の「心」に包括される。と同時に、その〝一念〟は、森羅万象に脈動し、展開していくのであります。

この法理は、「人間は統一された宇宙」というホセ・マルティの洞察とも呼応しております。〔前掲書一一一〜一一二頁〕

「一念」即「森羅万象」、「森羅万象」即「一念」なのである。個人の具体的な活動が、社会と世界、そして宇宙全体を変化させていくのである。池田氏は、〈内なる太陽を昇らせゆく「人間革命」こそが、〝人間〟の連帯を強め、〝社会〟の繁栄をもたらす〉〔前掲書一一二頁〕と強調する。

この「人間革命」は、菩薩道の実践である。池田大作氏は、悟りを得たという点では仏であるが、衆生を救済するために、菩薩道を実践しているのである。ナチス・ドイツに対する抵抗運動に従事したために絞首刑にされたプロテスタント神学者ディートリヒ・ボンヘッファーは、「他者のために生きる」ということを倫理学の根本に据えた。この池田氏による菩薩道の実践は、まさに「他者のために生きる」ということなのである。池田氏の説明を読んでみよう。

ホセ・マルティは、徹して弱者の側に立ち、人々の苦悩と同苦しゆく勇者でありました。「人間にとって、真実かつ唯一の栄光とは、他者への奉仕である」と断言しております。

自他ともに「人間革命」を探求しゆく〝人格〟を、仏教では「菩薩」と呼びます。「菩薩」は、四つの汲めども尽きぬ無量の心で、他者とかかわることによって、小さな自我のカラを打ち破っていくのであります。

それは、第一に、民衆の苦しみを抜こうとする心。

第二に、民衆に楽しみを与えようとする心。

第三に、民衆の幸福をともに喜ぶ心。

第四に、民衆を平等に愛する公平な心であります。

まさに、ホセ・マルティの生涯は、こうした〝菩薩〟の無量の心に溢れていたと、私は見たいのであります。〔前掲書一一三～一一四頁〕

＊＊＊教育こそが人間を変化させていく

池田氏は、このような菩薩道を実践することができる人間を創り出すことが教育の目的であると考える。教育が人間を変化させていくのである。これは時間がかかる作業である。しかし、やり遂げなくてはならない。

すべてが「人間」で決まります。「人間」をつくり、「人間」を結ぶ以外に、崩れざる人類の平和の橋は築けません。もとより、それは、地道な作業であり、長い眼で見なければ、成果は望めないかもしれない。

しかし、私たちは、ホセ・マルティが愛する妹に書き送った手紙に励まされるのであります。それは、「木を見てごらん。太い枝に、黄金色のミカンや赤いザクロが実るには、どんなに時間がかかるか、わかるだろう。人生を極めていくと、あらゆるものが同じプロセスをたどることがわかるのだ」と。ここには、漸進的な歩みに徹する忍耐がうかがえて

なりません。これこそ、「人間の尊厳」に則った、内発的な変革を可能ならしめる力でありましょう。〔前掲書一一五〜一一六頁〕

池田氏は、キューバ人が教育に力を入れていることに注目し、〈私は、教育に力を入れ、世界に燦《さん》たる知性を誇る貴国のたゆみない努力に、心から敬意を表したいのであります。教育こそが、未来への希望の架橋である、と私は考える一人であるからであります〉〔前掲書一一六頁〕と強調する。「一人の人間における偉大な人間革命は、やがて一国の宿命の転換を成し遂げ、さらに全人類の宿命の転換をも可能にする」という真実が、社会主義体制下のキューバにおいても実現しつつあることが、池田氏には見えるのである。

第12章

「新たな人間復興」と人類の未来

1973年
創価大学
＊＊＊
「創造的人間たれ」

＊＊＊「人類の希望の塔」であるべき創価大学

今回から、池田大作氏が創価大学で行った講演を読み解いていきたい。まず取り上げたいのが、一九七三年四月九日、第三回創価大学の入学式で池田氏が行った「創造的人間たれ」と題する講演だ。この講演には池田氏の教育観、文明観が簡潔《かんけつ》に述べられているだけでなく、創大生に対する想いが率直に述べられているからだ。

まず、池田氏は、創価大学が「象牙《ぞうげ》の塔《とう》」ではなく、「人類の希望の塔」になるべきであるということを強調する。これは、最近の産学協同研究で言われる実学重視、大学で現場感覚をつけるというのとは本質的に異なる。池田氏は、創価大学の学生は基本的価値観をいかにして構築すべきかについて述べているのである。

創価大学に入学した皆さん、本当におめでとうございます。ともに、この二年間、創価大学の草創に全魂を打ち込んでくださった大学当局の方々、教師の先生方、職員の皆さま、そして学生の皆さん方、更には、それを温かく見守り、はぐくんでくださった父兄ならびに関係者の方々、本当にご苦労さまでございました。私は、創立者として、皆さまに心より御礼申し上げる次第であります。

いうまでもなく、創価大学は、皆さんの大学であります。同時に、それは、社会から隔離された象牙の塔ではなく、新しい歴史を開く、限りない未来性をはらんだ、人類の希望の塔でなくてはならない。ここに立脚して、人類のために、社会の人々のために、無名の庶民の幸福のために、何をすべきか、何をすることが出来るのかという、この一点に対する思索、努力だけは、永久に忘れてはならないということを、申し残させていただきます。

〔『創立者の語らいⅠ』創価大学学生自治会、一九九五年、四七頁〕

池田氏はここで、大学は、国家ではなく、社会に帰属する組織であることを明確にしている。教育の目的は官吏《かんり》養成《ようせい》ではない。また、金儲《もう》けのノウハウを教えることでもない。「人類のために、社会の人々のために、無名の庶民の幸福のために、何をすべきか、何をすることが出来るのか」について常に考える社会的人間を育成することを目標にしている。

同時に大学は、高度に知的な作業を行う場だ。大学が社会に貢献するといっても、それは社会福祉団体や慈善団体の社会貢献とは異なる。そこで、池田氏は大学が社会に与える影響について歴史的観点から考察する。

そこできょうは、まず第一に、私は、大学というものが、社会にいかなる影響を与えるかを、しばらく歴史的に論じさせていただきます。といっても、ここで難解な、抽象的な大学論を展開しようというのではない。私にはその資格もないし、また、その必要もないと思う。歴史にみられる若干の事例を挙げて、大学が、あるいは広く学問というものが、いかに歴史を動かし形成する潮流となってきたかを、探りたいのであります。〔前掲書四七～四八頁〕

＊＊＊「十二世紀のルネサンス」に遡る

ここで池田氏は、ルネサンスに注目する。ただし、それは、ミケランジェロ、レオナルド・ダ・ビンチらが活躍した十四、十五世紀に限定されず、十二世紀に遡《さかのぼ》る。

ルネサンスといえば、十四、五世紀ごろ、ヨーロッパにおこった文芸の大復興運動であることは、皆さんもよくご存じの通りであります。絵画、彫刻等々の芸術、あるいは文学の分野において、それまで眠っていた人間主義すなわちヒューマニズムという魂を吹き込み、人間謳歌の生き生きとした作品が、次々に世に出たわけであります。これをもって、ヨーロッパは、新しい時代の夜明けを迎えるに至ったといっても過言ではない。このルネサンス期の作品の数々をみるとき人間の歓喜というべきものの結晶を感じるのは、決して私一人ではないと思う。

このように、ルネサンスは、ヨーロッパ文明の大きなエポックであったことは確かであります。しかし、このルネサンスは、どうしておこったのか。たんに、文学芸術の広場で、偶然におこった変革であったとは考えられない。その前段階として、より深い地盤からの胎動が、それよりもいちはやくおこったことに気づくべきであります。［前掲書四八頁］

宗教人の池田氏には、他の人には見えないものが見える。十四、十五世紀に芸術、文学の分野で世界史的成果を残したルネサンスの思想的根拠が十二世紀にあると池田氏は喝破《かっぱ》している。

それは、学問の大復興であります。この学問における大復興は、中世から始まっております。通常用いられているルネサンスほどには知られてはおりませんけれども、重要さにおいては、それと匹敵するものをもっており、心ある歴史家達は、この学問におけるルネサンスを「十二世紀のルネサンス」と呼んでおります。

大学が発生したのは、実に、この十二世紀におけるルネサンスにおいてであります。中世初期においては、人間が習得すべき知識の内容は、ラテン語の文法、修辞学、論理学、および算術、天文、幾何、音楽の七自由学に限定されており、それは、聖書を読み、神の自然法を理解することと、王権維持のために、慣習法を運用するために必要とされたものであった。算術や天文は、教会暦を計算するためのものであり、音楽もまた、教会の祭礼に必要なものとして、学んだわけであります。その他は政治上、慣習法を実務上運営するために学ばれたものもあります。これが、当時の最高教育であった。〔前掲書四八〜四九頁〕

「十二世紀のルネサンス」は、西ヨーロッパで孤立《こりつ》して起きた現象ではない。中東のイスラム世界の影響《えいきょう》が西ヨーロッパに及んできたことが重要だ。池田氏はまさにこの点を重視している。池田氏の宗教的業績《ぎょうせき》はいくつもある。そのうち重要な一つが、宗門と訣別《けつべつ》し、日蓮仏法の世界宗教化を果たしたことである。池田氏が、未来の創価学会を担う創大生たちに語るときは、常に創価学会員が地球的規模で働くことを念頭《ねんとう》に置いている。そして、近代の学問体系の基盤となっている西洋の知的遺産の継承《けいしょう》を強調するのである。十二世紀ヨーロッパの大学の知的状況について、池田氏はこう指摘する。

そこ〔引用者註＊大学〕へ、スペイン、イタリア等を舞台に、イスラム世界から、数学、哲学、地理、法学などの新しい知識がもたらされてきたのであります。これらには、古代ギリシャ、ローマにおいて解明されたのが、中世のヨーロッパでは隠されていたものもあり、あるいはイスラム教徒やイタリアの商人達が、インドなど東方世界から学んだものもあったようであります。ともかく、学問における古代の遺産を獲得してから、強い、いかなるものもせきとめることのできない勢いで、知識の吸収、蓄積、体系化が行なわれ始めたのであります。

新しい知識を求めようとする若者が、当時あった修道院学校等の束縛を越えて、新たな学問の集積所を求め、それに応ずる学問的職業が生まれたわけであります。すなわち、それが教師であり、教師と学生の共同体が、パリとボローニャに最初に形成された。それが本格的な大学の出現であります。

大学を意味するユニバーシティーの語源は、ウニベルシタスで、元来、ギルド（組合）と同義で、多数の人々、または多数の人々の結合を意味するものであります。学生と教師の結び付きが、大学をつくりだしたものともいえる。したがって、大学とは本来、建物、制度から出発したのではなく、人間的結び付きから発生したものであると、私は考えるのであります。〔前掲書四九～五〇頁〕

大学にとって最も重要なのは、教室、図書館、研究室、実験室などのインフラストラクチャーではなく、教師の共同体と学生の共同体の間で形成される師弟関係なのである。師弟関係は抽《ちゅう》象《しょう》的にはありえない。池田氏が、戸田城聖創価学会第二代会長を師とし、学んだような具体的人間関係によってしか真の師弟関係は生まれない。戸田・池田師弟関係と類比《るいひ》的な師弟関係を構《こう》築《ちく》することが創価大学の教育の基本に据《す》えられているのだ。それはヨーロッパの大学の最も優れた部分を継承することでもある。

池田氏は、ヨーロッパの大学でヒューマニズムが発展したことについて注目し、こう指摘する。

パリ大学においては、神学の研究、再編成から始まり、ボローニャ大学は、法律学を中心としていた。従来の教会主義に対する反省の芽生えであり、当時発達した商取り引き用の法規運用の実務の学問として、近代的で、合理的な学問の知識が、続々と蓄えられていったのであります。

特に、こうした学問探究の精神的機軸となったのが、人文主義、すなわちヒューマニズムであります。市民層の増加、商取り引きの活発化に導かれながら、大学を頂点とする知識層に、このようにして人文主義が定着するにおよんで、貴族支配の枠外の流れとして、ルネサンスの機は熟していったと、私はみたい。人間を見つめ、真理を追求する旺盛な知識欲が、やがては人間謳歌の文芸復興を盛り立てていったのであります。もしも、ルネサンスが、底の浅い、たんなる思いつきの文学であり、芸術であるならば、歴史の流れを変えるほどの重みのある変革とはならなかったにちがいありません。

その基盤に、旧社会の束縛から脱却した人間の自我の目覚めがあり、深い学問的確信の裏付けがあった故に、あれだけのエポック・メーキングとなったのであります。〔前掲書五〇〜五一頁〕

＊＊＊

ルネサンスの巨匠レオナルド・ダ・ビンチ

大学における知的集積と抑圧から自由になりたいと考える人間のエネルギーが触発《しょくはつ》して、ルネサンスは世界史の分水嶺《ぶんすいれい》となったのである。その典型が、レオナルド・ダ・ビンチであると池田氏は指摘する。

ルネサンスの巨匠の一人であるレオナルド・ダ・ビンチは、絵画の才能だけではなく、数学や医学等あらゆる分野に優れた業績を残した天才として知られておりますが、ダ・ビンチが、絵画のなかで用いた遠近法にしても、幾何学的な裏付けを用いている。また、人体や動物の精緻《せいち》なスケッチは、彼が自ら解剖したりして得られた医学的知識を裏付けとして、描かれたものがたくさんあります。

これらを通してみると、ルネサンスの輝ける作品の数々といっても、その以前から、永い年月をかけて地道に積み上げられていた学問的知識の基盤があって、初めて生まれ出たものであったことに気づくのであります。〔前掲書五一頁〕

レオナルド・ダ・ビンチであっても、別の時代に生まれていたならば才能を開花することができなかった。ルネサンス期に思想の自由が、それ以前の時代と比べると担保《たんぽ》されていた事実を池田氏は重視する。

私がここで皆さんに申し上げたいのは、歴史を動かす要因は、自由なる人間の思索であり、生命力の潮流であるということであります。一つの文明が興隆していくには、そして更に、それが永続し、広い範囲にわたって影響を与えていくには、深い思想的遺産を、その基底部にもっていなければならない。天才といえども、この時代的、思想的基盤なくしては生まれえないし、仮に生まれたとしても、なんらその能力を発揮することは出来ない。更にまた、力の論理のみで築き上げられた社会、機構は、真実に人々の生活に影響を与え、

歴史に光を残す存在とはなりえないと思うからであります。〔前掲書五一～五二頁〕

天才が活躍するためには環境が必要だ。それは天才だけでなく、すべての人に言えることだ。池田氏は創価大学を創設することによって、意欲があり、資質のあるすべての青年に学問をする環境を整えたのである。

池田氏は、歴史の表層に表れたきらびやかな出来事に眼を奪われるのではなく、その背景にある事柄《ことがら》の本質を把握する力を涵養《かんよう》することを学生たちに訴える。

人々は、ともすれば、表面にあらわれ、残された歴史の精華だけを把握しようとする。そして、その形式だけをまね、伝統だけを重んじて、自らの行動原理としてしまう傾向が多すぎるのであります。それらの業績を推し進め、達成させた、より深層部の原因に目を向けようとしない。そこに、過去のさまざまな変革の失敗があったとも、私はみたいのであります。目前の成果に目を奪われ、その達成のみに明け暮れる行動は、しょせん、無為徒労に終わらざるをえないでありましょう。〔前掲書五二頁〕

目に見えない事柄の本質を見えるようになることが、創価教育の特徴なのである。

池田大作氏にとって、知《ち》は総合的性格を帯びている。断片的な情報がいくらたくさん存在しても、それが有機的《ゆうきてき》に結合していないならば、大学で扱う体系知《たいけいち》（ドイツ語で言うところのWissenschaft）ではない。それだから、池田氏は大学が知的財産の集積所《しゅうせきじょ》であることを強調する。

＊＊＊大学とは知的財産の集積所

大学は、知的財産の集積所であります。そこにおいて、いかに意義ある研究・教育が行なわれているかによって、国家あるいは社会の、ひいては文明そのものの消長が決まるのではないでしょうか。学問の勃興するところ、必ず民族の勃興ありといわれるゆえんであります。

古代文明の数々も、常にその背後に、学問の繁栄をもっておりました。イスラム世界においても、学問の集会場のような存在をもっていたことは明らかでありますし、インドにおいては、仏教の興隆と共に、学問は強い支持のもとに発展したのであります。

有名なインドのナーランダには、その起源を千数百年前にさかのぼることができる、極めて古い歴史をもつ大学がありました。紀元五世紀から七世紀ごろにかけて最も隆盛を極め、数十平方キロもの広さをもっていたといわれる。

規模の大きさでは、現在の大学をさえしのぐほどのものであり、ヨーロッパの大学に比べて、はるかに以前から、整備された大学として、インド、更には東洋全域にわたる精神的淵源地となっていたのであります。中国などからも留学生がたくさんきていたことが知られております。

近年の発掘によって、研究室や寄宿舎、教室の跡が発見され、学僧数千から一万もが、大乗仏教の研究にいそしんでいたことが明らかにされております。玄奘《げんじょう》が『大唐西域記』において、自らこれを訪れた印象等を述べておりますが、はからずも、それが事実であったことが立証されたといえます。後年、イスラム教徒により破壊されるまでの数百年間、このナーランダ大学は、営々と大乗仏教の理念を築き上げ、流布していったのであります。

〔前掲書五二～五三頁〕

大学が、知的財産を集積することができ、さらにそれを適切に運用することができるかによって、社会と国家の命運《めいうん》も決まるのである。池田氏のこの洞察《どうさつ》は、事柄《ことがら》の本質を衝《つ》いている。池田氏は、このような知的集積所の先例として、インドのナーランダ大学をあげる。ここでの知的集積が中国を経由して日本に伝わる。そして日蓮大聖人によって、末法の世における仏法の基盤が構築される。この伝統が創価学会に継承《けいしょう》され、二十一世紀に仏教は真の意味で世界宗教になったのである。

二〇一四年十一月七日に創価学会は教義《きょうぎ》に関する会則（第二条）を改正し、〈この会は、日蓮大聖人を末法《まっぽう》の御本仏《ごほんぶつ》と仰《あお》ぎ、根本の法である南無妙法蓮華経を具現《ぐげん》された三大秘法を信じ、御本尊に自行化他《じぎょうけた》にわたる題目を唱《とな》え、御書根本に、各人が人間革命を成就《じょうじゅ》し、日蓮大聖人の御遺命である世界広宣流布を実現することを大願とする〉（二〇一四年十一月八日「聖教新聞」）とした。

この改正には大きな意味がある。創価学会は、日蓮正宗の在家信徒の団体として出発した。両者の関係は常に緊張《きんちょう》をはらんでいた。一九九一年に日蓮正宗が創価学会を破門し、最終的に訣別《けつべつ》したが、教義については、日蓮正宗の総本山・大石寺にある「弘安二年（一二七九）の大御本尊」を本尊と解釈していた。

それを日蓮正宗と訣別してから二三年の「魂の独立」を経て、創価学会の原田稔《みのる》会長は、〈会則の教義条項にいう「御本尊」とは創価学会が受持の対象として認定した御本尊であり、大謗法の地にある弘安2年の御本尊は受持の対象にはいたしません〉（前出「聖教新聞」）とはっきり宣言した。

これによって教義においても創価学会は日蓮正宗から完全に訣別した。その結果、日本というナショナルな枠組みにとらわれない世界宗教として発展していくことになる。このような教義の発展が可能になったのも、創価大学を中心に創価学会が知的財産の集積を行っていたからだ。

創価大学は、ナーランダの大学に集積された東洋の精神文化の精髄《せいずい》を体現した教育研究機関だ。東洋の知恵の奥義を深めた人は、他の文化圏の知恵も容易にとらえることができるようになる。人類の叡智《えいち》は地下水脈のように底流でつながっているのである。

＊＊＊学問の叡智は師弟によって伝授される

この大学を源流として、東洋の精神文化、特に、インドから中国、日本へと渡った仏教文化の偉大な潮流をたどることが出来るのであります。万にも及ぶ学僧が、真摯に仏教と取り組み、論議を交わし、やがては自らの持ち場で、その実践へとおもむいたのであろうその壮挙を想像するならば、世界に誇る東洋の精神文化の淵源がここにあるのであると、私は確信せざるをえないのであります。

皆さんは、学問がその根底的な部分で深められ、展開されていくならば、それは、やがては偉大な文化の源流となるであろうことを信じていただきたい。表面的な華やかな波浪よりも、海底を流れる潮流のほうが、いかに尊く、力強いかを、確信していただきたいのであります。

更にいうならば、その学問も、あくまでも人間を基調にしていかなければならないということであります。ヨーロッパにおいて、中世以来、大学で培われてきた人文主義が、ルネサンスの根源力となったことは、すでに申し述べましたが、これは、古代の、まだ大学と呼ぶに値しないような学校においてもいえることであります。〔前掲書、『創立者の語らいⅠ』五三〜五四頁〕

ここで重要なのは、創価大学が、プラトンのアカデメイアに起源《きげん》を持つ西洋の知的伝統も継承していることだ。ただし、池田氏は、アカデメイアというインフラストラクチャーが整えられる前のソクラテスの教育法についても注意を喚起《かんき》する。

古代における最高学府の代表的なものとして、プラトンが創立したアカデメイアが有名であります。プラトンの時代においては、アテネでは、修辞学をもって立つソフィストが少なからぬ影響を与えていた。

彼らは、現実の社会に名をなすための必要な種々の学問を教える職業的教師であったわけであります。それに対して、真理探究の理想を掲げて立ち上がったのが、ソクラテスなのであります。

ソクラテスは、斜陽のギリシャ世界を直視しながら、現実主義的な、また体制依存的な哲学者達と対立し、人間性の本質のうえに立って、アテネの変革を目指すとともに、永遠に残るべきものとしての学問に身をかけておりました。

ソクラテスは、自らの信条を青年達に伝えるため、あらゆる場を利用したのであります。市場で、あるときは街頭で、宴会場で、およそ人間の集まるところならば、どこでも、彼は教育していったのであります。堕落せる学問と戦っていたのであります。そこには、徹底的な対話と訓練があり、まさに校舎なき人間大学の観を呈していたといえましょう。〔前掲書五四～五五頁〕

ソクラテスにとっては、具体的な師弟関係が、教育の要《かなめ》だった。創価学会において、信仰（信心）は師弟関係によって継承されていく。教育においても、具体的な師弟関係を欠いた知識や情報の伝達では、学問の叡智を伝授することができないのである。それだから、池田氏はソクラテスとプラトンの師弟関係に着目するようにと創大生に呼びかける。

ソクラテスのその本質を受け継ぎながら、プラトンはアカデメイアを創立するわけでありますが、校舎をもち、固定した教育の場を設定しながら、そこで行なわれた教育は、極めて人間的なものであった。

ギリシャにおいて、食事を共にしながら会話をするのは、市民の生活様式としては普遍的なものでありましたが、プラトンの学校においても、この方式を最大限に活用したといわれる。食事の際でも、また散歩の際でも、プラトンは学生と活気にあふれた会話を交わし、そこで哲学的な、あるいは人間的な課題を取り上げ、シンポジウムしたことが想像されているのであります。

こうした師弟間の対話は、そのまま真理追究の態度にもあらわれてきている。師弟が相たずさえて共同研究し、一つの真理をつかもうと努力する姿が、アカデメイアの誇りでもあった。入学の資格は厳しく、一種の貴族主義的なところもあったようでありますけれども、その底に流れるのは、自由の息吹きであり、哲学による社会の改善であった。［前掲書五五～五六頁］

〈師弟が相たずさえて共同研究し、一つの真理をつかもうと努力する姿が、アカデメイアの誇り〉であるという池田氏の指摘はきわめて重要だ。池田大作氏を師とし、師弟関係を常に意識しながら勉学と研究に勤《いそ》しむところに、創価大学の他の大学と異なる内在的な力があるのだ。

また、池田氏は、アカデメイアの男女共学に注目する。

したがって、当然のこととして男女共学であり、また、世俗的な権力から学問の自由を守ることに関しても、極めて真剣であったようであります。

このプラトンのアカデメイアは紀元前四百年ごろ創設され、以後、ローマ皇帝によって閉鎖させられるまで約九百年間、ヨーロッパの精神的源流となっております。徹底した対話、師弟の共同研究という人間的な原点が、これだけ永続させ、また、歴史に多大な影響を与えていったのであろうと、私は解釈したいのであります。〔前掲書五六頁〕

師弟関係に、学問研究に、ジェンダー上の差別を持ち込んではならないのである。創価大学の教育の根本には仏法がある。その点を踏まえ、池田氏は、釈尊の教育法について言及する。

プラトンより更に歴史をさかのぼり、古代インドに現われた釈尊の教育法も、徹底した対話であったことが、明らかであります。宇宙・人生の根本法則を悟達した釈尊にとって、その悟りの内容を伝えるのは、問答を通してであった。経典のほとんどが問答形式となっているのは、それを裏付けております。人間の具体的、現実的な悩みにぶつかり、そこでの対話を通して、自らの悟りを伝えようとしたわけであります。

後年、膨大な教義が体系づけられておりますけれども、あくまでもその源流となるものは、人間的な触れあいであり、そこから徳性の錬磨と、真理探究の歩みが開始されているということを、忘れてはならないと思うのであります。〔前掲書五六〜五七頁〕

＊＊＊〝人間的価値〟こそを重視する

池田氏は、〈経典のほとんどが問答形式となっているのは、それを裏付けております。人間の具体的、現実的な悩みにぶつかり、そこでの対話を通して、自らの悟りを伝えようとしたわけでありますす〉と強調する。西洋哲学の言葉を用いるならば、弁証法的に真理を体得するということだ。

さらに、教育において、人間的価値を重視することを池田氏は強調する。

プラトンの学校が、ヨーロッパの歴史のいたるところに影響を与えたことは、後年、ルネサンスがおこったときも、その目指したものが〝ギリシャに還る〟ことであったことからも分かりますし、釈尊の人間教育も、東洋の歴史のすべてにといっていいほど、大きな影を残している。その原因ともいうべきものは、真理の探究にあたって、人間を基調にし、その本質を解明し、徳性を啓発することに最大の目標をおいたからであると、私は考えるのであります。人間的なものに根をもたないところの学問、また真理の探究というものは、抽象的で空虚なものとなるか、軽薄で底の浅いものになるか、いずれかにならざるをえないと、思うのであります。〔前掲書五七頁〕

しかし、近代の産業社会は人間を疎外《そがい》する構造を持っている。このような中で、人間は、人間の本質を見失っているというのが常態《じょうたい》だ。これだから、学問を通じて人間性を回復することを池田氏は訴えるのである。その上で、池田氏は創大生に「創造的人間であれ」と呼びかける。

現代はまた、人間の本質を見失う危機にさらされております。どうか皆さんは、こうした前提をふまえ、歴史に進路を示し、かつ、切り開いていくものとしての学問の果たす役割に誇りをもち、人間らしく、真実の人間の復興を勝ち取るべく、学問の道を、真理探究の大道を歩んでいっていただきたいのであります。

そこで、更に私は、こうした大学の本来の使命を認識したうえで、皆さん方に次のことを要望したいのであります。

それは「創造的人間であれ」ということであります。我が創価大学の「創価」とは、価値創造ということであります。すなわち、社会に必要な価値を創造し、健全な価値を提供し、あるいは還元していくというのが、創価大学の本来目指すものでなければならない。したがって、創価大学に学ぶ皆さん方は、創造的な能力を培い、社会になんらかの意味で、未来性豊かに貢献していく人となっていただきたいのであります。〔前掲書五七～五八頁〕

創大生は、学問によって培った創造的な能力を、自らのためだけでなく、他者のため、社会のために使えと池田氏は呼びかける。創価大学で受けた教育を生かし、社会に必要な価値を創造し、健全な価値を社会に提供し、還元《かんげん》していくのである。

価値創造は、簡単なことではない。なぜなら、創造とは、思いつきや、アイデアではないからだ。この点について、池田氏は含蓄《がんちく》に富んだことを述べている。

「創造」ということは、たんなるアイデアとは違うものであります。しかし、一つのアイデアを生むことさえも、それには基礎からの十分な積み重ねが要求される。学問における創造は、それとは比較にならないほど基礎的実力を要求するのはいうまでもない。創造の仕事は高い山のようなものであり、それだけの高さに達するには、広い広い裾野《すその》と、堅固な地盤を必要とする。幅広い学問的知識と深みのある思索の基盤のうえに、初めて実りの

ある創造の仕事が出来るわけであります。〔前掲書五八頁〕
広い広い裾野と、堅固な地盤なくして、価値創造はできないのである。

＊＊＊大学には創造性を養う環境がある

大学教育の本来の目的は、価値創造であるが、それを忘れてしまっている大学教師や学生も多い。極端《きょくたん》な場合には、大学卒業の資格だけを取ることが目的となってしまう。このような状況に池田大作氏は危機感を抱いた。そして、創価大学の創立という実践を通じて、池田氏は大学に価値創造の機能を取り戻させようとしたのである。池田氏は、創大生に対して、期待を込めてこう述べる。

その意味からすれば、大学こそ、その（引用者註＊価値創造を指す）基盤を築くに最もふさわしい場であります。ところが、現在の大学の一般的傾向は、こうした条件に恵まれているにもかかわらず、創造性への意欲は皆無に等しいともいえるのではないでしょうか。特に、創造的人格を形成していく場とはなっていない。

我が創価大学は、他の大学にはない創造性あふれる、みずみずしい大学として、社会に新風を送っていただきたい。これが私の念願であります。〔前掲書五八頁〕

その上で、池田氏は創造性を養《やしな》うために不可欠の環境についてこう述べる。

創造性を養うには、精神的な土壌が豊潤であることが必要であります。そして、それは精神の自由度という言葉で表わせるのではないかと思う。精神が抑圧され、あるいは歪曲されているところに、自由な発想も、独創的な仕事も成される道理がない。精神が解放され、広い視野をもっているとき、そこには汲《く》めども尽きない豊かな発想が出てくるものであります。すでに述べた過去のいくつかの学校の例は、そういった意味で、精神の解放をはかった大学であったといえましょう。

といっても、この精神の自由度という言葉は、精神の放縦ということとは違うのであります。一方に、自由な、伸びのびとした精神活動を要求しているのも事実ではありますが、更に、それにとどまるのではなく、高い自由規律に基づいた精神の開発をも意味していると考えるべきであります。

勝手に考え、自由に振る舞うのが精神の自由ということではない。発想し、対話し、研磨しあうことによって、自らの視野を拡大し、より広い、より高い視点に立って物事を洞察していくことこそ、精神の自由を真に拡大する道ではなかろうかと、私は思うのでありま す。プラトンの学校においても、また、ナーランダの仏教大学においても、自由の気風のみにとどまらず、そこには、峻厳な真理との対決があった。創造的発想があった。それ故にこそ、多くの精神的遺産を構築することが出来たのではないかと思うのであります。

したがって、精神の自由度を増すということは、ある意味においては、厳格な訓練を必要とする場合もあるということであります。イギリスにおけるオックスフォード大学や、ケンブリッジ大学は、私立大学であり、その名門校は、数多くの学問的成果を生み、また学者、偉人を輩出しておりますが、そこでは厳格な教育法が、中世さながらにたもたれております。しかし、学生のもつ精神の自由度は高く、自己の精神を拡大して、社会へ貢献する跳躍台としているのであります。〔前掲書五九〜六〇頁〕

オックスフォード大学、ケンブリッジ大学をはじめとする中世に起源《きげん》を持つ名門大学は、いずれも神学教育の伝統がある。神学においては、「型」を重視する。それは、「型破り」な人材を生み出すために必要なのだ。「型」、すなわち知的伝統を踏まえずに思いつきだけで何か発言しても、それは出鱈目《でたらめ》に過ぎない場合がほとんどだ。忍耐強く「型」を学び、縦横無尽《じゅうおうむじん》に神学的思考ができるようになった人だけが、「型破り」の新しい学説を形成することができる。二十世紀最大のプロテスタント神学者であるカール・バルトは、真の自由は制約の中にあるということを強調した。池田氏とバルトの学問的自由観には通底《つうてい》するものがある。

精神の自由を獲得するためには、その動機が必要になる。この動機について、池田氏は以下の重要な指摘をする。

***

「神学の秘密は人間学にある」

では、精神の自由度を増し、自己を拡大させていくエネルギーをどこに見いだすか。この点にくると、どうしてもまた「人間とは何か」という問題になり、人間学に戻ってこなければならない。人間のもつ潜在的な可能性を引き出し、開発し、アウフヘーベンさせる哲学の問題となってきてしまうのであります。

（中略）私がすでに挙げた大学の例においては、そこにこの哲学・思想のバックボーンがあったことを想起していただきたいのであります。生命・人間を直視し、その開発を目指したところに、学問の自由な発達があり、ひいては、文明の絢爛《けんらん》たる開花があった。創造性の鍵は、まさにこの一点にあると私は思う。創価大学は、この人間学の完成を目指し、その厳然たる基盤のうえに、学問の精華をちりばめていただきたい。

そして、地道な人間構築をふまえた学問の推進、真理探究の歩みが、大きくは社会変革の原動力になっていくことを確信していただきたいのであります。〔前掲書六〇〜六一頁〕

と言った。

十九世紀の唯物論《ゆいぶつ》哲学者ルートヴィヒ・フォイエルバッハは、「神学の秘密は人間学にある」と言った。

カール・バルトの友人でもあった二十世紀の優れたプロテスタント神学者であるヨゼフ・ルクル・フロマートカは、フォイエルバッハのこの主張は正しいと考えた。そして、「人間とは何か」というテーマで、さまざまな宗教者、さらに宗教を信じない人々との間の対話が可能であると考えた。

池田氏も「人間とは何か」というテーマを掘り下げて、対話、真理探究をしていくことが価値創造につながると考える。この観点から、池田氏は重要な提案を創大生に対して行う。


こうした視点から、また、創価大学という名にふさわしく「創造的人間であれ」ということを、皆さんはもとより、創価大学の永遠のモットー、特色、学風にしていってはどうかというのが、私の提案したいことなのであります。この気風が、創価大学の輝ける伝統に高められていくならば、現代日本の模索しつつある大学界に新風を送るものとして、貴重な存在になることは疑いないと、私は確信するのであります。〔前掲書六一頁〕

一九七一年に創価大学が創立されてから二〇一五年で四四年になる（編集部註＊本章執筆時）。その間、池田氏の「創造的人間であれ」という期待に応え、創大出身者は、宗教界、経済界、官界、政界、法曹界、ジャーナリズム、芸能界など、日本社会のあらゆる分野で活躍している。創価大学は、池田氏の確信通り、日本の大学界に新風《しんぷう》を送り、貴重な存在となった。価値創造という創価大学の目的は、私立大学だからこそ達成できたのだと思う。池田氏は、私立大学の重要性についてこう述べる。

＊＊＊母校を誇りとし、母校を盛り立てる

話は変わりますが、昨年、私がヨーロッパを訪れましたときに、イギリスの有名な歴史学者であるトインビー博士と種々懇談いたしました。

歴史に限らず、哲学、芸術、科学、教育等、あらゆる分野にわたって熱心に議論を交わし、有意義な訪問でありましたが、最初に博士夫妻に会ってあいさつを交わしたとき、そ

のあいさつに驚かされたのであります。

博士は開口一番「我が母校・オックスフォードにきてくださったことを感謝する」と述べたのであります。そしてトインビー博士の夫人は、次いで「私の母校・ケンブリッジにきてくださったことを感謝する」と述べておりました。

私はイギリスへは、この両大学の招聘《しょうへい》に応じてまいったわけでありますが、博士夫妻から、そのようなあいさつをうけるとは思っておりませんでした。そのあいさつを聞いて、私は、博士がいかに母校に深い誇りと愛情をもっているかを、知った思いがしたのであります。

オックスフォードもケンブリッジも、そしてアメリカのハーバード大学も、みな私立大学であります。日本と違い、外国においては、私立大学のほうが、かえって有名校である場合が多い。そして、それらの大学の出身者は、自分の母校に対し、強い誇りと愛着心をもっている。

その大学の出身者が、社会的に成功したりすると、進んで寄付をして大学を盛り立てている。大学の経営は、それによって成り立っているといわれるほどであります。といっても、今から皆さんに早く偉くなって寄付をしてほしいと強制しているわけではありませんから心配することはありません(笑い)。

私立大学というのは、国家権力と全く無関係のところにある。もちろん大学である以上、公的性格をもちますが、根本的には、自主的に自らの信条の実現のために、社会に有為な人材、学問的成果を送り出すために創設されたものなのであります。言い換えれば、私立大学とは、自主的な大学のことであり、いわば、皆でつくる大学なのであります。そこが、国立、公立の大学と違うところであります。

大学の淵源はいずこをみても、この私立大学から始まっている。大学は、お仕着せによって発足したのではなく自然発生的におこったものだといってよい。

したがって皆さん方は、この創価大学を自分達でつくり、自分達で完成していく大学であるという認識をもっていただきたい。在学中においては、もちろんのことであります。たんなる知識習得のためであると思ってほしくない。会社へ就職するためのパスポートであると思ってほしくないということも、もとよりであります。教師の方々と常に対話し、人間らしい活気のある大学をつくりあげてほしいのであります。

創価大学は、発足後間もない新大学であります。学風も伝統もまだ定かにはつくられてはいない。皆さんがつくりあげ、皆さんが積み上げていくべきなのであります。私は、その皆さんの努力を、最大限の応援の心を込めて、見守っていくつもりであります。

更に、在学中だけではなく、大学を巣立ってからも、母校を誇りにし、温かく応援し、見守っていっていただきたい。新しい皆さんに対して、卒業してからのことを述べるのは、少々早過ぎるかもしれませんが、いかなる地、いかなる場にあっても、母校を思い、母校を誇りとし、母校を盛り立てていく皆さん方であってほしいというのが、私のお願いであります。トインビー博士のごとく、だれに対しても、母校をほめてもらうのが一番うれしいというように、皆さん自身がつくったこの大学を、自分達が一番誇りとし、またその母校を喜んでくれる人に対して感謝できる、そのような皆さん方になってほしい。そうなっていただければ、創立者として、最大の喜びなのであります。〔前掲書六一〜六四頁〕

池田氏は、創大生に〈この創価大学を自分達でつくり、自分達で完成していく大学であるという認識をもっていただきたい〉と呼びかける。師弟関係を基礎に、常に生成されていくものであるという池田氏の教育観がここに端的《たんてき》に表れている。

この講演の結びで池田氏は、現代文明が転換点に立っていることを強調し、人類が直面している問題を解決するために学問が不可欠であると指摘する。

ともあれ、現代文明はある意味において、まさに転換点に立っているといっても過言ではありません。それは、人類が果たして生き延びることが出来るかどうかという、重大な問題提起もはらんでおります。

戦争兵器がもつ平和への脅威はもちろん、進歩に対する誤った信仰が、人類の死への行進を後押ししている現代であります。人類が生き延びるために、我々はいったい、何をすればよいのか。いったい、何が出来るのか。先見の明をもつ学者の間では、それが、真剣な討議のテーマになっている。

こうした現代にあってこそ、再び新たな人間復興が必要であると、私は叫びたい。それは、人間中心主義、人間万能主義のそれではなく、人間が他のあらゆる生物の仲間として、いかにすれば調和ある生をたもつことが出来るかという意味での人間復興であり、人間が機械の手足となるのではなく、機械を再び人間の手足とするには、どうすればいいかという意味での人間復興であります。

ここで私は、このネオ・ルネサンスともいうべき人間復興への要請に対して、今こそ、その重要な分野として、哲学・思想・学問におけるネオ・ルネサンスを必要とするのではないかと、考えるのであります。

学問への新たな意欲を人類が注ぐならば、そして先見の眼を開くならば、人類が生き延びるための新たな哲学、思想が確立されるに違いない。そしてそれは、単に人類が生き延びるためという消極的な目標を越えて、新たな人間讃歌の文明が築かれていくことと信じるのであります。

この、これからなさねばならない壮大な人類の戦いの一翼を、創価大学が担うならば、そして、少なからぬ貢献をなしうるならば、創価大学の開学の趣旨も結実したと、私はみたいと思うのであります。〔前掲書六四〜六五頁〕

池田氏は、創大生に地球生態系の危機を超克《ちょうこく》した、新たな人間復興に貢献することを期待する。日本という国家の枠組みにとらわれず、地球的規模で考え、行動する人材を育成することで、新たな価値創造、恒久的《こうきゅう》な平和の実現という〈これからなさねばならない壮大な人類の戦い〉に貢献することを池田氏は真剣に考えている。

***

人類の未来と教育の役割

大学におけるこの仕事は、決して容易ではないと思われる。また短時日のうちに結論の出るものでもない。地道な研究の積み重ね、厳密な討論、旺盛な意欲を幾年にもわたって継続することを要するのは明らかであります。

なによりも、それは創価大学に現に属する人々、また将来、志を同じくして加わってくるであろう人々の全員が、一つの生命体となってこそ、その開花をもたらすことが可能となるのであります。どうか、一人一人が創価大学の代表者であるばかりでなく、創立者であるという誉れと自覚をもって、充実した学園生活を送り、更に豊かな人生への跳躍台としていっていただきたいことをお願いするものであります。

最後に、私のこれからの最大の仕事も教育であり、私の死後三十年間をどう盤石なものとしていくかに専念していく決心であります。それは、二十一世紀の人類を、いかにしたら幸福と平和の方向へリードしていけるか、この一点しか、私の心にはないからであります。

その心から、私は皆さんに、人類の未来を頼むと申し上げておきたい。また、教師の先生方にも、学生を立派に育てていただきたい、衷心よりよろしくお願いいたしますと懇願し、全人類に創価大学ここにありとの誇りと期待を込めつつ、私のあいさつとさせていただきます(大拍手)。〔前掲書六五〜六六頁〕

筆者は、〈創価大学に現に属する人々、また将来、志を同じくして加わってくるであろう人々の全員が、一つの生命体となってこそ、その開花をもたらすことが可能となるのであります〉という池田氏の言葉に強い感銘《かんめい》を受けた。

教育こそが、国家や民族の壁を超えて地球規模で人々を結びつけるだけでなく、いま生きている人々と、すでにこの世を去った人々、そしてこれから生を受ける人々の確固たる絆になる。時間と空間の限界を突破《とっぱ》する力が教育にあることを池田氏は見事に表現している。

第13章

中世と近代合理主義の超克

1973年
創価大学
＊＊＊
「スコラ哲学と現代文明」

＊＊＊人生と歴史を類比的にとらえる

一九七三年四月九日の創価大学入学式において、池田大作氏は、「創造的人間たれ」と題する創価大学の理念についての重要な講演を行った。その三カ月後、創価大学の第二回滝山祭に招かれた池田氏は、「スコラ哲学と現代文明」と題する講演を行う。これは、池田氏が、キリスト教と西洋哲学の真髄《しんずい》を創大生に伝えることを試《こころ》みた重要な講演だ。

現在、池田氏の指導によって、創価学会は世界宗教として発展しつつある。この講演において、池田氏は、キリスト教が世界宗教となる過程を的確に分析している。この分析がＳＧＩ（創価学会インタナショナル）の活動に着実に生かされていると筆者は見ている。冒頭で、池田氏は講演の目的を明確にする。

このところ、大学が近くなったのか、私は先月の十三日にもおじゃまし、ヨーロッパの旅の報告などをいたしました。今日の十三日は、第二回の滝山祭ということで、ご招待に喜んでまいったわけであります。本当におめでとうございます。（大拍手）

皆さんの元気な顔を拝見するだけで、私は十分なわけですが、それでは、あまりに味もそっけもないことになりますので、また、平素考えてきたことを、お話しいたします。なお、本日は、諸君の学園の弟、妹達がたくさんみえております。兄さん姉さんとしてよく交流し、温かく見守ってあげていただきたい。（拍手）

四月九日の入学式の折、少しばかり大学というものの発祥《はっしょう》についてお話しいたしましたが、その中で、近代文明をもたらしたルネサンスの精神に触れました。そして、そのルネサンスの驚異的な開花も、突然変異によって生まれたものではなく、それ以前の長い期間、人々の目立たぬ絶え間ない向上的努力と、時代の潮の必然性とのうえに生まれたものであること、また、その萌芽をたどっていけば〝暗黒時代〟と言われている中世の冬の季節に、既に始まっていたことをお話しいたしました。今、この大学の周辺の木々は青葉に輝いておりますが、青葉の発芽は春になって急に始まったのではない。既に、厳寒の冬のさなかに、その準備を着々と整えていたのであります。真の発芽は冬であって、青葉の芽が煙るのが春であります。〔『池田大作全集　第一巻　論文』聖教新聞社、一九八八年、三七七〜三七八頁〕

池田氏は、「創造的人間たれ」において、ルネサンス以後の西洋文明がもつ生命力について深い洞察を加えた。ルネサンスを、数人の天才による突然変異であるという見方を池田氏は退ける。そして、中世とルネサンスの連続性に目を向ける必要があると強調する。池田氏は、人生と歴史を類比的《るいひてき》にとらえることが重要と考え、こう指摘する。

人生もまた同じであります。今、この大学の草創期にあたって、現在、私達一人一人が日々行っているところの、目立たない様々な努力も、あるいは多くの試行錯誤《しこうさくご》も、やがては華やかに大きく開花するであろう、未来の世界文明の発芽の準備をせっせとしているのだという確信を、私は疑いたくないのであります。

今日の話も、この発芽を確認する意味において、およそ現代には縁のないと思われているスコラ哲学にわざわざ光を当て、スコラ哲学の中にすら、次代の文明を促した強靱《きょうじん》な発芽があったことを、明らかにしたいと思うのであります。誠に、歴史の生々流転してきたところの実相を、しかととらえることは、未来の歴史を開くカギになるからであります。

〔前掲書三七八頁〕

人生において若い時代の試行錯誤《しこうさくご》は、いずれ積極的な意味を持つことになる。それと同じように中世における試行錯誤が、ルネサンスにつながっていくのである。ここで中世哲学やキリスト教神学の専門家以外は、あまり関心を持たないスコラ哲学について、池田氏は、掘り下げた見方を示す。

＊＊＊近代の危機を中世の世界観が救う

言うまでもなく、スコラ哲学とは、十二世紀から十四世紀を頂点として栄えた、中世ヨーロッパ哲学の総称であります。スコラとは当時の教会、修道院に付属する学校を言い、今日、学校を意味する「スクール(School)」という語の淵源であることは、周知の事実であります。

スコラ哲学は、一般に「神学の婢《はしため》」と言われ、キリスト教神学を権威あらしめるために存在した、いわゆる〝御用哲学〟にすぎないと考えられてきた。たしかに、スコラ学者の名で呼ばれる当時の哲学者、思想家のなそうとしたことは、聖書の教える信仰を、いかに正統化するかということであった。これは疑う余地はない。

その意味において、このスコラ哲学を含めて、中世ヨーロッパ哲学は、輝かしい古代ギリシャ、ローマの巨峰と、同じく栄光に満ちた近世ルネサンスの連峰との間に挟まれた暗黒の谷間であるといった見方がされてきたのであります。近代の合理主義思想家達によって強調されたこの評価は、果たして正しいと言えるかどうか、近代合理主義の行き詰まりから、新しい時代に入ろうとしている現代からみたとき、スコラ哲学は、どのように評価

されるべきか――これが、私の論じたい主題であります。〔前掲書三七八～三七九頁〕

ここで重要なのは、池田氏が、「暗黒の谷間」というような中世観が適切でないと指摘していることだ。中世を暗黒と見るのは、近代主義的観点だ。しかし、近代合理主義が危機に陥っている状況で、カトリック教会は、プレモダン、すなわち、近代以前の世界観をあえて強調することによって、近代の危機を超克《ちょうこく》しようとしている。このことを念頭に置いて、池田氏は、中世が持っていた生命力について再考察している。

池田氏は、スコラ哲学を抽象的概念としてとらえていない。スコラ哲学が生まれた時代状況と社会的状況を重視する。

まず、それには、スコラ哲学と言われるものが、いかなる時代状況と、社会的状況のもとで生まれ、発展したかを考えなければならない。ヨーロッパの哲学史上、中世哲学は大きく二つの段階に分けることができる。一つは、キリスト教の発生した一世紀から八、九世紀に至る時代であり、この時代の哲学を「教父哲学《きょうふ》」と呼んでおります。

教父とは、キリスト教の教会に属して、教会の公認した教義に基づいて著作した人々のことであります。この時代は、キリスト教がローマ帝国の全体に広がり、更に、ローマ帝国の崩壊後、歴史の舞台に登場してきたゲルマン諸族の世界にも浸透していった、いわば布教時代にあたっております。この布教の中核であった教父達が、まずしなければならなかった任務は、キリスト教の教義を体系化することであり、ローマ人、あるいはゲルマン人社会の伝統的思考法の中に、いかに適合せしめるかであった。〔前掲書三七九〜三八〇頁〕

＊＊＊信仰の確立と教父哲学の形成過程

イエス・キリストは、自らをユダヤ教徒と考えていた。キリスト教をユダヤ教から離脱させ、独自の世界宗教としたのは、パウロである。キリスト教が世界宗教になる過程において、ユダヤ教とは異質なギリシャ世界、ローマ世界と接触することになる。そのときに神学が必要とされたのである。キリスト教における神学、仏教における教学は、知識人の知的遊戯《ゆうぎ》ではない。自らの信仰、信心を表現し、人々を救済するために必要な論理を構築することが神学、教学の課題である。教父哲学（神学）は、キリスト教がローマ帝国に広がり、世界宗教となる過程において、形成されたのである。

二〇一五年一月二十九日の「聖教新聞」は、〈「世界広布新時代」――創価学会が、いよいよ世界宗教として、大きく飛翔する時を迎えました。世界宗教としての一層の発展に備えて、昨年11

月、「創価学会会則 教義条項」が改正されました〉と記し、創価学会教学部が説得力のある解説を行っている。時代状況、社会的状況は異なるが、世界宗教という点でキリスト教と創価学会の神学／教学形成には、共通する問題意識があると筆者は考える。池田氏のキリスト教に対する深い理解が、創価学会が世界宗教に飛翔するにあたっても、重要な役割を果たしていると思う。池田氏は、「信仰の確立」を核にして、教父哲学の形成過程を理解する。

> 従って、この段階で何よりも強調されたことは、一貫して〝信仰〟の確立であったということができましょう。いわゆる教父哲学の代表者として、ユスティヌス、テルトゥリアヌス、オリゲネス、そして、その総合的な思想家として有名なアウグスティヌスの名が挙げられます。テルトゥリアヌスの思想を要約した言葉として有名な「不合理なるが故にわれ信ず」は、信仰を絶対化したものとして、この教父哲学の一つの結晶といえると考えます。
>
> 更に、アウグスティヌスは『神の国』という本を著《あらわ》して、〝地の国〟の代表というべきローマの崩壊後も、〝神の国〟のこの世における顕現である教会は、永久に続いていくと教え、カトリシズムの教会支配体制に理念的基盤を打ち立てたのであります。
>
> この教父哲学の時代が終わり――ということは、ヨーロッパ全土のキリスト教化が安定

して——次の九世紀から、十四世紀ルネサンスに至るまでの時代が、スコラ哲学の時代でありますす。その発祥の契機は、様々な角度から分析しなければなりませんが、カール大帝、つまり、シャルルマーニュ帝によるゲルマン社会の統一と、イスラム勢力の撤退、そして今日カロリング朝ルネサンスと呼ばれる学芸興隆が、大きい要素として考えられる。先に述べたスコラ、すなわち教会や修道院に設けられた学校の起源は、このカール大帝の奨励によるものであります。［前掲書三八〇～三八一頁］

池田氏は、テルトゥリアヌスの「不合理なるが故にわれ信ず」を教父哲学の結晶と指摘している。実に的確な指摘である。宗教を合理性に還元することはできない。神学者には、知識や理屈を偏重し、どうすれば人間が救済されるかというキリスト教の本質から離れてしまう傾向がある。それを戒めているのが、「不合理なるが故にわれ信ず」というテルトゥリアヌスの信仰告白なのである。

池田氏は、スコラ哲学が、キリスト教の安定期に生じたという点に着目する。

さて、一応、布教、発展の時期を過ぎて安定の段階に入ると、学芸興隆の機運とあいまって、教義の深化と形式的整備が要請されるようになった。基本的な教義についてはアウグスティヌスなどによって既に完成されているので、問題は、その教義をいかに証明し、相互に秩序づけ、体系化するかであったわけである。

中世ヨーロッパが、ギリシャ、ローマから引き継いだ学問的遺産として、文法、修辞法、弁証法、算術、幾何、天文学、音楽の七学課があったが、これらは、自由学課と呼ばれ、これと神学とを、どのように関連づけるかが問題となってきたわけであります。

特に、イスラム社会との接触を通じて、アリストテレス哲学が大きい影響を及ぼすようになり、単に個別科学のみならず、人間の理性と聖書の啓示の関係、知識と信仰、哲学と神学という、根本問題に触れざるを得なくなってきたわけであります。［前掲書三八一頁］

キリスト教神学は、常にその時代に影響がある哲学の論理を用いて自己を表現する。中世の場合は、イスラム世界から導入されたネオプラトニズムの影響を受けたアリストテレス哲学なのである。

スコラ哲学を代表する人々としては、九世紀のスコトゥス・エリウゲナ、十一世紀のアンセルムス、アベラルドゥス、十二世紀末から十三世紀に入って、アルベルトゥス・マグヌス、トマス・アクィナス、ドゥンス・スコトゥスと続き、末期においては、近世自然哲学の先駆者ともいわれるロジャー・ベーコンが出ている。

いま私は、時間がありませんし、この四世紀の間にわたる思想の歴史を一つ一つたどるつもりはありません。ただ、そこに含まれる基本的な問題の幾つかを抽出し、現代の視点から、そこに考察を加え、概略の流れのみを見ていきたいと思うのであります。

最初のエリウゲナは、アイルランドで生まれ、パリで活躍し、「スコラ哲学第一の父」とも「スコラ哲学のカール大帝」とも称された人であります。スコラ哲学のカール大帝と言われたゆえんは、政治の面では、カール大帝によってヨーロッパ中世世界の基礎が樹立されたように、哲学のうえでは、このエリウゲナによってヨーロッパ中世哲学、すなわちスコラ哲学の基盤が打ち立てられたからであります。

その基盤とは「真の宗教とは真の哲学であり、同時に真の哲学は真の宗教である。したがって、宗教に対するあらゆる懐疑は哲学によって反駁《はんばく》されうる」という命題であります。宗教と哲学、信仰と理性の一致を確信し、それを証明しようという、スコラ哲学の基本的課題が、彼の志向に明確にあらわれているのであります。〔前掲書三八一〜三八二頁〕

＊＊＊信仰への懐疑が生じる

「真の宗教とは真の哲学であり、同時に真の哲学は真の宗教である」という認識は、キリスト教が安定期に入り、宣教のダイナミズムを失っている時代を反映した表現だ。それが、カンタベリーのアンセルムスになると、「信仰を強化するために知りたいと思い、知識がつくことによって信仰が強化される」という動的な認識に変化する。しかし、エリウゲナにおいてもアンセルムスにおいても、思索の出発点が信仰であったことは間違いない。池田氏は、こう指摘する。

初めにも述べたように、スコラ哲学はその出発点からして、キリスト教信仰を知識、理性によって裏付けるという、いわゆる神学の婢《はしため》としての制約を強く負っていたことを、認めざるを得ません。そして、それは「知らんがためにわれ信ず」といった、次のアンセルムスにおいても、また、トマス・アクィナスにおいても、ドゥンス・スコトゥスにおいても、およそスコラ哲学者と言われる人々においては、信仰の絶対性は共通の大前提だったのであります。

ただし、時代の変化とともに、そこには微妙なニュアンスの移り変わりが認められる。

例えば、トマス・アクィナスは「理性によって把握《はあく》される範囲では、神学と一致するはずである。しかし、信仰の内容がすべて理性によって認識できるとはいえない。ゆえに、理性の及ばぬところでは、ただ信仰によって真理を把握する以外にない」と言っている。ここに、信仰と理性の一致を信じ、それを立証しようとして出発したスコラ哲学が、その当初の目標から微妙に揺らいでいることを知るのであります。つまり、キリスト教へのかすかな懐疑の一歩と、一面では言えないことはありません。

更に、ドゥンス・スコトゥスにいたると「神の意志は何ものにも拘束されず、自由である。それは理性以上のものであるから、理性によって認識し、基礎づけることはできない。神学は合理的なものであるのでなく、もっぱら実践的なものである」と言い、ついに知識、理性と信仰との分離となっていくのである。〔前掲書三八二〜三八三頁〕

池田氏が指摘するように、トマスの場合、理性の及ばぬ領域を想定するので、そこから信仰への懐疑が生じるのである。

＊＊＊

スコラ哲学は近世、近代の出発点

池田氏には、事柄の本質をとらえる類《たぐ》い稀《まれ》な力が備わっている。当初、理性は、スコラ哲学においで信仰を強化するために用いられていたが、理性の中に信仰に対する懐疑《かいぎ》を呼び起こす要素があることに池田氏は着目する。

この過程は、スコラ哲学者達にとっては、何ら信仰の動揺をもたらすものではなかったが、理性に対して、信仰や神学の教義に縛《しば》られない独自の立場を与えることにはなった。この独立の位置を与えられた理性によって、やがて近世の哲学が発展し、学問の華が咲き、その学問の成果によって教会の教義は、次々とその矛盾《むじゅん》を暴露し揺らいでいくのでありますす。その意味で近世、近代の萌芽《ほうが》は実にスコラ哲学の中に、徐々にその姿を現しはじめていたということができるでありましょう。〔前掲書三八三頁〕

歴史における完全な断絶は存在しない。前の時代の思想を何らかの形で継承して、次の時代の思想が生まれる。池田氏は、スコラ哲学を中世の暗黒時代に閉じ込めずに、近世、近代の出発点としてとらえるべきであると考える。キリスト教神学の専門的立場から見ても、池田氏の指摘は正しい。十六〜十七世紀の近世においてプロテスタント神学において主流だったのは、プロテスタント・スコラ主義であった。池田氏が指摘する中世と近世をつなぐ役割をプロテスタント・スコラ主義は果たした。以下の池田氏の洞察はとても優れている。

はじめにも述べたように、ヨーロッパの中世を、古代と近代との中間に挟まれた〝暗黒〟の時代とする考え方は、近代合理主義思想家の言ったことである。だが、本当はそうではなく、中世文化は中世文化として、古代や近代のそれに劣らない、独自の文化を現出したのであり、むしろ近世、近代に通ずる発芽を、私は、そこに見るのであります。そして、もし、この考え方に力点をおくならば、現代文明は、中世キリスト教文明が凋落《ちょうらく》し果てようとする、末期的な混乱と、人間性喪失の時代であるということにもなるのではないかとも思うのです。〔前掲書三八四頁〕

さらに池田氏は、中世の暗黒時代は、九〜十世紀であったという見方を示す。

本来の意味から、暗黒時代というならば、ヨーロッパにおいては、ローマ帝国の没落期から九世紀あるいは十世紀に至る時代が、まさに暗黒時代であります。（中略）絶えず掠奪《りやくだつ》や殺戮《さつりく》に怯《おび》えなければならなかった時代――それは、暗黒時代としかいいようのない時代だったでありましょう。しかし、九世紀から十世紀に至って、ようやく社会も安定し、人々は生産にいそしみ、その中から新しい文化創造の機運が高まり始めてきた。こうして迎えたのが、スコラ哲学の時代なのであります。〔前掲書三八四～三八五頁〕

物質的に困窮《こんきゆう》し、戦乱が絶えず、民衆が命をつなぐのに精一杯である時代には、学術的活動を行う余裕はない。どの時代においても、平和の実現と貧困の克服が、学問の大前提なのである。

＊＊＊信仰が建築物によって可視化される

さて、スコラ哲学の成果は、書物だけでなく、建築においても可視化されることに池田氏は注目する。

今日もなお、ヨーロッパの諸都市の象徴としてそびえている由緒ある教会、寺院のほとんどは、このスコラ哲学の時代に建設、あるいは着工されている。パリのノートル・ダム寺院、シャルトルの寺院、更に、ドイツではケルンの大寺院等々のゴシック建築は、権力によるのでなく、いわゆるその時代の信仰の結集によって中世社会の持っていた技術と富をもって建てられた、中世ヨーロッパ文明の一大記念碑ということができるのであります。

しかも、これらが今日もなお、ヨーロッパの都市を象徴し、国民の歴史を象徴し、ヨーロッパ文明を象徴し続けている。例えば、パリを例にとってみた場合、ノートル・ダム寺院に負けない建造物は、ルーブル宮（現在は美術館）にせよ、凱旋門《がいせんもん》にせよ、エッフェル塔にせよ、いくらでも挙げられる。しかし、それらは王侯や特権者の栄華の残滓《ざんし》でしかなく、民衆全体の心に支えられた文化的結晶という観点からすると、ノートル・ダムには、はるかに及ばないと言わざるを得ません。〔前掲書三八五頁〕

中世においては、ラテン語でコルプス・クリスチアヌム（corpus christianum）、すなわち「キリストの身体」と呼ばれていた、政治指導者、宗教指導者には、民衆との一体感があった。民衆によって支えられているゴシック建築の芸術的価値を池田氏は高く評価するのである。ここにも民衆と共に歩む創価学会の価値観が表れている。

信濃町の広宣流布大誓堂には、創価学会の信心が建築において端的に表れている。〈2013年11月8日、東京・信濃町に完成した総本部の落慶記念勤行会が行われた。席上、総本部の新名

称が「広宣流布大誓堂」と発表された。〉〔創価学会公式サイト〕

スコラ哲学がゴシック建築で可視化されているように、創価学会の信心は、信濃町の広宣流布大誓堂、各地の文化会館、研修道場などの創価学会の建築物に表れているのである。広宣流布大誓堂を思想の面で表すのが教義である。二〇一三年に広宣流布大誓堂が完成したことと、その翌年に創価学会会則・教義条項改正が行われたこととの間には緊密な連関があると筆者は見ている。まさに創価学会が世界宗教へと飛翔している現実を建築と教義の両面で可視化したのである。

このように、空高くそびえ立つゴシック建築が物質的に中世ヨーロッパ文化の興隆を象徴しているのに並んで、精神の世界で中世の高まりを表しているのが、まさにスコラ哲学なのであります。

（中略）スコラ哲学が探究したもの――それは、とりもなおさず、これら発生期の大学（編集部註＊パリ大学、ボローニャ大学、オックスフォード大学など）が教えたものということになるが、もちろん、そこには、今日の学問的見地からすれば、幾多の稚拙《ちせつ》さや誤りもあった。例えば、彼らにとって知識とは、事実の観察によって得られたものではなく、プラトンやアリストテレスあるいはユークリッド等の古代の哲学者によって書かれたものであったこと等である。〔前掲書三八五〜三八六頁〕

一見、煩雑に見えるキリスト教神学の教義にも、根本には人間の救済という宗教的情熱があることを池田氏は洞察している。

そして、この知識を体系化し、神学の教えを証明し、組織化するために、煩瑣《はんさ》な論証を行い、そのゆえに、スコラ哲学は煩瑣哲学とアダ名されたことは、よく知られているとおりであります。しかし、そうした欠陥は欠陥として認めたうえで、なおかつ、より基本的な次元で、スコラ哲学の果たした重要な役割に、我々は気づかなければならない。〔前掲書三八六頁〕

しかし、精緻な学問は、常に疎外されていく傾向がある。池田氏は、スペインの傑出した哲学者オルテガ・イ・ガセットの著作『大学の使命』の〈「今日『一般教養』と呼んでいるものは、中世におけるそれとは異なっている。中世のそれは、決して精神の装飾品でも、品性の訓練でもなかった。そうではなくて、当時の人間が所有していたところの、世界と人類に関する諸理念の体系であった。従ってそれは、彼らの生存を実際に導くところの確信のレパートリーであった」――そして「今日なお現存している残留物は、当時の高等教育を、全面的かつ本来的に構成していたものの、あわれな生き残りなのだ」〉〔前掲書三八七頁〕との部分を援用しながら、こう説明する。

これは、大学教育における一般教養課程というものについて述べた一節ですが、単に大学での教課というのみにとどまらず、人間一般として持つべき教養の根本問題に触れた、刮目《かつもく》すべき発言であると、私は思うのであります。今日いわれる教養は、極めてその内容が漠然《ばくぜん》としており、オルテガの言うごとく「精神の装飾品」となり、あるいは、せいぜい「品性の訓練」ぐらいにしか考えられていない現状であります。だが、真の意味の教養とは、そのような、表面をつくろうために苦労しなければならないようなものではない。現実の人生を生きるため、内面から、自らを導く「世界と人類（あるいは人間存在）に関する諸理念の体系」なのであります。

更に、オルテガの言葉を引いてみたい。

「生は混沌であり、密林であり、紛糾である。人間はその中で迷う。しかし人間の精神は、この難破、喪失《そうしつ》の思いに対抗して、密林の中に『通路』を、『道』を見出そうと努力する。すなわち、宇宙に関する明瞭にして確固たる理念を、事物と世界の本質に関する積極的な確信を見出そうと努力する。その諸理念の総体、ないし体系こそが、言葉の真の意味における教養［文化］la culturaである。だからそれは装飾品とは全く反対のものである。

教養とは、生の難破を防ぐもの、無意味な悲劇に陥ることなく、過度に品格を落とすことなく、生きて行くようにさせるところのものである」

こうした教養、文化の源泉となったのが、中世においては、スコラ哲学であったといえましょう。(中略)スコラ哲学自体が、中世という一つの文明の頂点を示すものであったと述べたのは、このためにほかならない。なぜなら、一つの文化の役目は、それが次の時代の文明のために、どのように貢献したかということだけでなく(中略)その時代の人間のため、人間的向上のために、いかに役立ったかということにあると信ずるからであります。

〔前掲書三八七〜三八八頁〕

＊＊＊創価大学の現代的使命とは

迷いから人間を覚醒するという、教育の本来の事業を池田氏は創価大学で具体化しようとするのである。中世の大学が、ヘブライズム(古代ヘブライ人の思想・文化)とヘレニズム(古代ギリシャの思想・文化。ヘブライズムとともに西洋文明の二大源流)を融合し、当時の人間が居住可能と考えられていた世界(オイクメネ)の普遍哲学を形成したように、創価大学は、東西の価値観を融合した現代の普遍的価値を形成するという使命を帯びているのである。

もとより、スコラ哲学が、意図的にこうした人間性の確立とか、向上という問題を目指したわけではありません。（中略）だが、それが結果的に、ヘブライズムとヘレニズムとの融合という、ヨーロッパが古代世界から別々に受け継いだ遺産を統合し、自らの内に肉化して、真実のヨーロッパ、またヨーロッパ的人間像の形成をもたらすに至ったのでありま す。〔前掲書三八八頁〕

ここで言う、ヨーロッパ的人間像を地球的人間像に転換していくのが創価大学の使命なのだと思う。

次にもう一面、文明史的にこれをみると、スコラ哲学の果たしたもう一つの役割は〝地中海文明〟の時代から〝ヨーロッパ文明〟の時代への移行に、決定的なエポックを画したということである。（中略）文明の最も核心というべき精神的、知的側面で、ヨーロッパが、地中海文明への依存から脱却したのは、まさに、このスコラ哲学においてであったといえるのであります。
（中略）このヨーロッパ文明が、ルネサンス、宗教改革、ナショナリズムの勃興《ぼっこう》等々、幾多の変遷《へんせん》を重ねつつも、発展と世界的伝播《でんぱ》を成し遂げて、いわゆる現代文明となってきたといってよい。その実質的完成が、十二世紀から十四世紀のスコラ哲学の時代に当たるのであり、スコラ哲学は精神的内容において、現代に至るヨーロッパ文明の基本的原型であったとみることができる。そして、このスコラ哲学の中心であったパリやオックスフォード、ケンブリッジ等の諸大学が、現在もなお、世界の学問の源泉地として存在し続けていることは、このスコラ哲学に始まる精神の潮流が、今もなお流れていることの象徴といえましょう。〔前掲書三八九〜三九〇頁〕

中世のスコラ哲学、近代の諸科学を継承した上で、アジアの一国である日本の地に創価大学が建てられたのである。創価大学は、日蓮仏法の伝統を引く東洋の叡智に基づく価値観と西洋の価値観を総合するという重要な使命を担っているのだ。そのためには、スコラ哲学から生まれた理性の肥大化、理性の誤使用を克服する必要がある。人間的価値に反する方向に理性を使用しないようにするためには、その基本に確固たる信心、信仰が必要とされる。

今日、このスコラ哲学の時代に始まった一連の文化発展の長い歴史は、肥大化し奇形化した醜《みにく》い姿の中に、悲劇的な終末を迎えようとしております。人間性の喪失、公害に象徴される文明のゆがみは、もはや誰人の目にも明らかであり、文化的創造の源であった大学もまた、深刻な崩壊の危機に直面している。学問の場としても、人間育成の場としても、伝統的な大学は、その指導的地位を失おうとしているといっても過言ではない。

この終わろうとしている一つの時代から、次の新しい時代の開幕のためには、新しい大学が必要でありましょう。否、大学という〝形〟は副次的なものかもしれない。大事なのは、新しい哲学であり、現代の、いい意味でのスコラ哲学の興隆であります。真実の宗教を基盤とし、真実の信仰を核として、そこにあらゆる学問も、理性、感情、欲望、衝動等も統合し、正しく位置づけた、新しい人間復興の哲学が要請される。宇宙生命の中に人間の位置を明確にし、生の混沌《こんとん》の密林の中に生きるべき道を切り拓《ひら》く、真実の〝教養〟が打ち立てられねばならない。〔前掲書三九〇〜三九一頁〕

創価大学は総合大学である。その根本に据えられているのは、新しい人間復興の哲学だ。宇宙生命の中に人間を位置づける真実の教養が、この大学の基礎に据えられている。このような教育の中から、真の宗教人も生まれてくるのだ。

この哲学を探究し教養を実践する人間と人間の集いが、真の意味の大学を形成するのであります。大学をつくるものは、建物や施設ではなく、人間であり、理念なのであります。混沌《こんとん》の人生に対処する、力ある真実の哲学を持った人々の集うところ――それこそ、時代を動かし、文明を創造する源泉地としての、真の意味の大学であると思いますが、諸君どうでしょうか。（大拍手）

今日、スコラ哲学の全くの風化は、その基盤とする宗教の全くの無力化によるものといえましょう。してみれば、現代ほど宗教を喪失してしまった時代もなく、それゆえに救済のない時代もない。――この現実のうえに私達は生き続けているのであります。このように認識するとき、最大の緊急事というべきものは、現代に耐え、現代を導くに足るだけの哲学の樹立であり、その基盤をなす真の宗教の確立であります。

未来を担《にな》う大学の誇りにかけても、その使命とする道は何であるか――その答えは、皆さんの胸の中に既にあることを私は固く信じて、今日の話を終わりたいと思います。（大拍手）〔前掲書三九一頁〕

〈最大の緊急事というべきものは、現代に耐え、現代を導くに足るだけの哲学の樹立であり、その基盤をなす真の宗教の確立であります〉という池田氏の確信に筆者は強い感銘を受けた。

第14章

平和を形成する「発想の母胎」

1974年
創価大学
＊＊＊
「創造的生命の開花を」

＊＊＊「学問」や「知識」に善悪はない

池田大作氏は、一九七四年四月十八日、第四回創価大学入学式において、「創造的生命の開花を」と題《だい》する講演を行った。その前年の四月九日、第三回創価大学入学式の場で、池田氏は、創価大学の基本理念を示す「創造的人間たれ」と題する講演を行った。この講演が原理的問題を扱《あつか》っているのに対し、「創造的生命の開花を」は、創大生に対する実践的指針を提示している。まず、池田氏は、高等教育機関における学問が、善でも悪でもない性格を帯《お》びていることを強調する。

きょうは講演というより、あいさつという内容で話をさせていただきます。海外旅行帰りで、時差による体の変調もまだ残っていますし、そのため話にも飛躍があるかもしれません。また聞きづらい点があるかもしれませんが、ご了承ください。

まず最初に、入学試験の難関を見事に突破して、晴れて合格の栄冠を勝ち取られた諸君に対し、私は心よりお祝いを申し上げる次第であります。本当におめでとうございました（大拍手）。

ご承知の通り「知識」や「学問」そのものには、善悪はありません。皆さんはこの最高学府において四年間、優れた学問を研鑽《けんさん》した結果、社会へ出ていってから極めて巧妙なる知能犯にもなれるし、秀でた有益なるインテリゲンチアにもなれるのであります。いずれになるかは、皆さん方各人の自由意思の発動しだいであります。ですから、この四年間、願わくは全員、良心に基づいた学究生活を送られんことを、切にお祈り申し上げるものであります。〔『創立者の語らいI』創価大学学生自治会、一九九五年、八七頁〕

池田氏が〈「知識」や「学問」そのものには、善悪はありません。皆さんはこの最高学府において四年間、優れた学問を研鑽《けんさん》した結果、社会へ出ていってから極めて巧妙なる知能犯にもなれるし、秀でた有益なるインテリゲンチアにもなれるのであります〉と述べていることの意味は、とても重要である。人間としての正しい価値観を持たなくては、いくら知識や学問を身につけても、人間を堕落《だらく》させる危険がある。増上慢《ぞうじょうまん》に陥《おちい》るくらいならば、学問に従事《じゅうじ》しない方がましである。創価大学の目的は社会にとって有益なインテリゲンチア(知識人)を送り出すことだ。そのためには、正しい価値観を体得《たいとく》することが重要であると池田氏は創大生に説《と》いているのである。

＊＊＊真の平和貢献と「教育国連」構想

池田氏は、創価大学が、総合大学として、地球的規模での学知《がくち》を吸収することができるようになるために全力を尽くしている。

私はこの春、親善と文化交流を行うために、三月七日から四月十三日までの約四十日間、北米、中南米に行ってまいりました。学長等の要請もあり、創価大学の創立者として、いくつかの大学を訪問し、教育の本質的な在り方、根本的な転換を要求されている現代文明における教育の発想転換について、さまざまに語りあいました。それについての二、三の提案も行い、講演もしてまいりましたので、最初にその報告を、簡単にさせていただきたいと思います。

まず、最初にまいりましたのは、カリフォルニア大学バークレー校であります。ここでは、ボウカー総長と懇談いたしました。同校には十人のノーベル賞受賞の教授がおられますが、それら優秀な教授を我が創価大学に招聘《しょうへい》し、講義やゼミナールを行ってもらうことを要請しておきました。また、総長夫妻の来日も希望しておきました。

次に訪れたニューオーリンズ大学でもヒット総長と「教育国連」構想、更にはその前段階として、世界の大学を結ぶ「世界大学総長会議」や学生の連合である「学生自治会会議」を開催することを話しあい、意見の一致をみました。このことは、後に訪れたカリフォルニア大学ロサンゼルス校のミラー副総長との対話においてもテーマにのぼり、教育交流を中心として世界平和に寄与していくことを、強い共感をもって確認しあった次第であります。

また、同校では「二十一世紀への提言」と題して、講演も行ってまいりました。このほか、中南米においてもパナマ国立のパナマ大学、ペルーのサンマルコス大学を訪問し、教授の交流・招聘や学生の交換などを、互いに提案しあいました。いずれも、実施までには少々時間がかかると思いますけれども、すべて快く意見の一致をみたわけであります。

特に、サンマルコス大学のゲバラ総長からは、同大学訪問に寄せてメッセージをいただきました。総長から創価大学の諸君にぜひともお伝えいただきたいとのことでしたので、このメッセージを高松学長にお渡しし、諸君への伝言といたします(大拍手)。

今回の訪米だけではなく、過日、香港においては中文大学を訪問し、同様の提案を行ってまいりました。昨年はヨーロッパの各大学も訪問しております。今後、いよいよ本格的に世界のさまざまな大学から教授や学生が数多く本大学を訪れるであろうし、諸君にもどんどん行ってもらわなければならなくなる時代がくるかもしれない。忙しくなると思いますが、またそこには、大きな張りあいがあることを、知っていただきたいと思います。〔前掲書八七〜八九頁〕

現実の国連は、超大国のエゴイズムによって機能不全《きのうふぜん》を起こすことが多い。そのため、平和の維持という国連の本来の目的を追求することが難しくなっている。池田氏は、教育の分野から地球規模での平和に貢献できる方策を真摯《しんし》に考えている。それが「教育国連」構想である。「教育国連」を構築するためには、大学間のネットワークが形成され、国境の壁を超えた教職員、学生の信頼関係が構築されていなくてはならない。池田氏は「世界大学総長会議」「学生自治会会議」などを通じて大学人の信頼関係を強化することを提案している。このように自らの活動について語った後に、池田氏は創大生に対する愛について述べている。

私は、私の信念として、諸君のためには、いかなる労苦も惜しまず、新しき世界への道を開いてまいりたいと思っております。私が、世界の人々のなかを駆けめぐるその胸中には、常に大切な、そして心より信頼する諸君の存在があったことを知っていただきたいのでありますす（大拍手）。どうか、諸君は、私の今打っている〝点〟と〝点〟とを〝線〟で結び、更にそれを壮大な立体とした世界の平和像をつくりあげていってほしいのであります。これは、私の諸君に対する遺言と思ってください。お願いします（大拍手）。「教育国連」の発想は、国際政治による平和への努力が空転し、行き詰まっている現代にあって、それを教育の力で真実の世界平和を勝ち取るための、最後の、そして確かな切り札であると、私は思っているのであります。そのために、「世界大学総長会議」も提案してきたし、学生諸君が平和へ立ち上がるために「学生自治会会議」の提案も行ってきたわけであります。これらは私一人ではとうていできないし、また、その資格もない。やがての時代、諸君たちがその実現に努力してほしいのであります。〔前掲書八九～九〇頁〕

＊＊＊創価大学が「発想の母胎」に

池田氏は、創大生と共に地球規模での平和を形成《けいせい》する闘いに参与《さんよ》していくという決意を表明している。そして、池田氏は、創価大学が地球規模での平和を形成するという「発想の母胎《ぼたい》」としての機能を果たすことになるという展望を示す。

ともあれ、世界はますます、この〝発想の母胎〟である創価大学に、注目してくるでありましょう。創価大学の諸君こそ、それにふさわしい世界的偉材と育っていかなければならない。そして、人間と人間のスクラムによって、脈動しゅく世界交流、信頼関係への樹立へ向かって、大いなる波動を起こしていかなければならぬ、と私は諸君に期待をかけるものであります。〔前掲書九〇頁〕

平和を志向《しこう》するという傾向は、他の大学にもある。ここで池田氏はペルーのサンマルコス大学の例を取り上げる。

私がサンマルコス大学を訪問した際、総長との会談の席に同席した二十数人の教授の方々から、各人のモットーを贈られました。この教授の方々のすべては、ペルーにおいては第一級の教授とうけたまわっております。その一つに「教授も学生も大衆とともに歩み、人類の幸福と平和と英知という目標に到達するまでは、一切の困難を乗り越えるべきである」という言葉がありました。

現代知識人の悪しき習慣は、この〝困難〟をいつも避けているところにあります。私は避けない。民衆の真っただ中にあって、いかなる困難をも乗り越え、人類の崇高な目的に立ち向かっていく精神こそ、大学の存在理由であり、古くまた新しい使命であると、私は生命の底から叫びたいと思いますけれども、諸君どうだろうか（大拍手）。
我が創価大学をはじめ、世界の各大学が、そしてすべての教師と学生が大衆とともにこの共同作業に取り組むならば、必ずや人類平和の目標に達せられるにちがいない。私が今回の大学訪問を通して、数々の提案をしてきた意義も、ここに帰せられるのであり、本大学の学風建設の当事者たる諸君に、その英知の事業を託したい気持ちでいっぱいなのであります。〔前掲書九〇〜九一頁〕

「教授も学生も大衆とともに歩み、人類の幸福と平和と英知という目標に到達するまでは、一切の困難を乗り越えるべきである」という考え方は、池田氏の思想、さらに創価学会の価値観と完全に一致する。民衆と共に進むことを忘れた高等教育機関は、方向感覚を喪失《そうしつ》し、停滞《ていたい》してしまうことに池田氏は警鐘《けいしょう》を鳴らし、こう述べる。

昨年の入学式の折、少しばかり大学の発祥について、歴史をさかのぼって考察を加えておきました。そのとき、大学というものが制度や建物からではなく、新しい知識と学問を求めようとする若者の情熱と意欲から起こったものであることを、述べておきました。すなわち、真理をこよなく自らのものにしたいという若者の熱望がまずあって、それが学問的職業人、つまり教師を生み出し、そしてこの教師と学生との人間的共同体が、今日の大学の淵源になっていった。つまり、もともと大学というものは、学問を求め真理を愛する学生たちの熱誠から、始まったということなのであります。

これこそ、大学の始原であると同時に、帰趨《きすう》であると、私は思うのであります。学生不在の大学となれば、もはや目的の手段化であり、大学の生命はない、と言いたい。残念なことに、今日の日本の大学には、方向喪失と停滞がつきまとっている、ゆえに、今こそ、大学の原点に立ち返る必要があると考える。〔前掲書九一～九二頁〕

池田氏は、創価大学は、常に生成過程にあることを強調し、こう述べる。

そこで、本日めでたく入学された諸君に、心の底から要望したいことは諸君こそ私と同じく、若き大学の創立者であり、創造者であるという一点を、決して忘れないでほしい、ということなのであります。在学中のみでなく、生涯、創価大学を皆の手で建設し、守っていただきたいというのが、私のお願いなのであります（拍手）。〔前掲書九二頁〕

創価大学という、英知を生み出す場を、在学中だけでなく、生涯を通じて、強化していくことが、創大生の使命であると池田氏は強調しているのだ。大学で、真の教育がなされるためには、師弟関係が構築されることが不可欠である。この点について、池田氏はサンマルコス大学の状況について説明する。

教授と学生の断絶の問題について、サンマルコス大学の副総長と話しあった際、副総長は、次の二点を述べておりました。

その一つは、対話が絶えず行われなければならないこと、第二点として、学生が責任をもって大学諸行事に参画できうる体制を講ずべきである、というのであります。私は、この対談で、苦難のなかにも新しい大学の方向を真剣になって模索しているところは、学生をいかにして大学の主役にするかという点に、新たなる、また時代の流れとして、問題の解決を見いだそうとしている、と感じ取ったのであります。[前掲書九二頁]

＊＊＊学生参画が師弟関係を強化する

教師と学生の対話、大学諸行事に学生が参画《さんかく》できる体制が担保されている状況で師弟関係は強化されていくのだ。このことを踏まえるならば、創大生には能動性が求められる。

そこで私は、諸君たちは大学から与えられるのを待っている、という姿勢ではなく、能動的に、かつ情熱的に〝これこそ、大学の新しい希望の灯《ともしび》である〟といえる、誇りに満ちた勇気ある建設作業に、取り組んでもらいたいと思うのであります。

特に対話という問題でありますが、価値ある対話というものは、それぞれの責任感と、信頼感から生まれるものであって、無責任な討論ではないのであります。すなわち、自分たちの大学であるとの強い自覚に基づく責任と、創価大学を人類文化の跳躍台としていくのである、という目的観に結ばれた相互の信頼関係が、必ずや実りある対話をもたらすことでありましょう。そして、本大学に見事な人間的共同体を創出していっていただきたいことを、私は強くお願いするものであります。〔前掲書九二～九三頁〕

この人間的共同体という考え方の基盤に仏法がある。池田氏は、この講演とは別の場で、創大生に対して、〈仏法には九識論という原理がある。九識で、すなわち生命の奥底で思っていても現実の意識や行動は、六識にしか現われない。これを一面からいえば、現実の人間と人間との打ちあいのなかに触発性も生まれるということであり、この方程式は正しいと思う。大学の世界は、自治が大原則であるけれども試験だけできればいいという姿勢ではなく、クラブ活動に参加したり、授業にも積極的に出席して、教授との触れあい、友人との触れあいを求めていく中に真の人間教育がなされるのであり、そこに身についた学問もできるのである〉〔「ある日ある時」前掲書九～一〇頁〕と強調する。創価大学は、単なる法人や制度ではなく、人間的共同体なのである。このような人間的共同体は、創価大学が私立大学であるからこそ、可能になるのだ。池田氏はこの点について次のように述べる。

これに関連して、私立大学の特質について触れておきたい。いうまでもなく、私立大学の存在意義というものは、国家権力からの制約を受けることなく、自主的に建学の信念を貫き通すところにあります。こうした大学の教育にあっては、広く人類の未来に思いをはせ、世界的視野に立っての有為な人材を、自由に伸びのびと育成することができるわけであります。

狭い国家意識や、民族意識のワクにとらわれることなく、世界の檜《ひのき》舞台に雄飛すべきスケールの大きな視野の広い青年たちを、荒れ狂う社会の変革のために送り出すところに、私立大学の特色の一つを、見いだしたいのであります。〔前掲書九三頁〕

国家権力からの制約を受けずに、建学の信念を貫き通すことができるところに創価大学の特徴がある。

＊＊＊私立大学に課せられた役割

池田大作氏は、学閥《がくばつ》による閉鎖性がないことが、創価大学の特徴になるべきであると強調する。

次に、あらゆる大学の使命の一つである学問の研究の場にあっても、私立大学には学閥的閉鎖性のかげりがない。自由な、それでいて活力に満ちた気風がみなぎっていなければならないと思う。思想の自由、研究の自由、発表の自由、といった学問研究における絶対条件を満たしうるのも、私立大学に課せられた特色である、と私は考える。

このような自らの信条に基づいて築き上げた学問の場こそ、独創的な研究成果を生み、個性豊かな研究者を育てていく母体となり、土壌となるにちがいない。また、泡沫《ほうまつ》のような時流にとらわれることなく、長大な展望に立っての息の長い研究に取り組めるのも、私立大学に課せられた役割であります。〔前掲書九三〜九四頁〕

近代以降の学問の特徴は、開かれていることだ。学閥を作らずに、開かれた学知《がくち》が展開される場に創価大学がなることを池田氏は望《のぞ》んでいるのである。池田氏は、私立大学が持つ視野の広さについてこう述べる。

今、私が私立大学のもちうる特色として挙げた教育と研究の在り方こそが、人類歴史の流転のなかで産声をあげた、大学という制度のもともとの目標であり、使命であった。これに対して、国立・公立の大学にも種々の長所があり、特色があることも認めなければなりませんが、国立、公立の大学は、なんといっても国家からの要請、制約を無視できないという条件を背負っております。

私立大学には、一国家、一民族の要請を受け入れつつも、更に遠大な視野に立っての教育と研究を、自由に行いうるという最大の長所が備わっている。また、国家権力のあくどい介入に対抗して、真実の学問と文化の精華を守り抜く砦《とりで》は、私立大学にこそ見いだしうると、考えたいのであります。〔前掲書九四頁〕

ヨーロッパの歴史を顧《かえり》みた場合、大学は社会から生まれたものである。しかし、日本の場合、国家の主導によって大学が上から導入された。そのため、大学は国家に帰属《きぞく》するという認識が強いのである。この状況を、創価大学という強力な私立大学を創設することによって変化させるという戦略を池田氏は持っている。

現在、我が国の習性は、明治以来の流れとして、国立・公立の大学に、青年たちの教育と文化興隆の源泉を求めがちであります。いわば、国立、公立の大学を主流とみなしてきたのが、教育者をはじめとする多くの人々の固定観念でありました。

しかし、私は日本と世界の将来を思うにつけても、大学精神を人類社会のなかに生き生きと通わせるには、私立大学こそが主流になるべきではないかと、主張しておきたいのであります。諸君、どうでありましょうか(大拍手)。

私立大学に学び、その自由闊達《かったつ》な精神を骨髄に刻み込み、独創的な知恵を培った俊逸たちが、海を越え、大地を踏みしめて、この地球上のあらゆる民衆の真っただなかに入りゆくとき、初めて人間と人間、民族と民族、庶民と庶民の生命交流が可能となり、異なった文化の見事な融合と昇華が成し遂げられるものと、確信するからであります。

そこから、民衆と民衆をつなぐ強固な交流の懸け橋が築かれ、陸続と続く友だちとともに、新たなる地球文化、人類文化の胎動を告げる暁鐘が、やがて人々の心を揺り動かすにいたるでありましょう。ともかく、諸君は民衆間に架けられるべき平和と文化の橋を作り上げる使節であり、建設者であり、担い手であります。

同時に私は、未来の世界に響きわたるであろう地球新文化誕生を告げる暁鐘を、諸君の手で、打ち鳴らしていってほしいのであります。そして、諸君の連打する暁鐘の音には、幾多の無名の人間庶民の切実な祈りにも似た願望が込められていることも、決して忘れないでいただきたい。〔前掲書九五～九六頁〕

創価大学を卒業した人々は、知的エリートである。そして、日本と世界で指導的役割を果たしていくことになる。池田氏は、創大出身者が大学で身につけた学知を、人間と人間、民族と民族、庶民と庶民の生命交流と異文化の融合《ゆうごう》と昇華《しょうか》のために活用することが重要であると訴える。学知は、民衆の幸福と平和のために利用することで、初めて創造的価値を生み出すのである。

＊＊＊「力」と「知恵」の区別

ここで池田氏は、ジョルジュ・フリードマンの言説を援用《えんよう》しつつ「力」と「知恵」の区別を強調する。

ところで最近、世界的に有名な社会学者の著した書に『力と知恵』という本があります。

諸君のなかにも既に読んで知っている方もあるかもしれませんが、その学者とはジョルジュ・フリードマンというフランス労働社会学の長老であります。

この『力と知恵』の意味するものは〝力〟とは人間が技術の開発、発展によって得てきた環境支配の力であります。〝知恵〟とは、この〝力〟を使いこなし、人間の幸福のために価値判断していく英知を指しております。

今、私はフリードマンの著書の内容を、諸君に説明するつもりはありません。ただ、この〝力〟と〝知恵〟という立て分け方を用いて、訴えておきたいことがある。

それは、明治から戦前までの日本の教育、なかんずく大学教育の目標を振り返ってみるとき、あまりにも〝力〟に偏った指向性があったのではないかということであります。知識を吸収し、技術を身につける、そして〝力〟の面で一日も早く世界的レベルに追いつかなければならない。これが、日本の教育が追求してきた最大の課題であったと思うのであります。

もちろん、その背景には、長い鎖国によって、科学技術の分野で欧米諸国から立ち遅れていたこと、もし一日も早く〝力〟をつけなければ、欧米諸国によって植民地化され、蹂《じゅう》躙《りん》される恐れがあったことは否定できません。そして、このいわゆる富国強兵政策によって、事実、他のアジア諸国が次々とその自由と独立を奪われていったなかにあって、日本は独立を維持することができたのであります。

しかしながら、こうした〝力〟を崇拝し、富国強兵を追求し続けた結果が、日本を未曾有の敗戦という事態に陥れたことも、歴史の尊い教訓の一つとして、特に諸君たちは胸に刻んでいただきたい。〔前掲書九六～九七頁〕

日本の近代化は、世界史の文脈で見るならば、帝国主義時代に行われた。帝国主義のゲームのルールは、「食うか食われるか」である。当時の日本人は、日本が欧米列強《おうべいれっきょう》の植民地にされるのを避《さ》けるために、近代文明の成果を積極的に吸収して力をつけた。その結果、「力さえあれば何でもできる」という勘違《かんちが》いをして、アジア諸国を植民地にした。それにもかかわらず、日本は自らの侵略性を認識していなかった。戦時中の不当弾圧で、創価(教育)学会初代会長の牧口常三郎氏は獄中死した。牧口氏は、文字通り、生命を賭《と》して人間の価値は力だけではないということを証《しょう》したのである。池田氏は、教育を力の原理から、本来の価値創造の原理に転換することを創価大学を通じて実現するという戦略を持っている。

また〝力〟の追求のために道具とされた教育が、本来、教育の生命である個々の人間の尊重、人間の尊厳の樹立という一点を失って、国家や企業にとって価値のある人間、すなわち国家、企業という組織の中の歯車のような部分に甘んずる人間をつくりだしてきた。教育がその手段となってきたということも、忘れてはならない重大な問題であります。〝力〟の追求も大事だが、それは同時に〝力〟を使いこなせるだけの〝知恵〟の開発を伴わなければならない。〝知恵〟とは、人間主体に根ざしたものであり、ソクラテスがいみじくも喝破《かっぱ》したごとく「汝自身を知る」ことから発するのであります。ここにこそ、人間を機械の部品に堕落させない、人間を他のいかなる物とも交換し得ないものとする、尊厳性樹立の起点があるわけであります。〔前掲書九七〜九八頁〕

近代人の自己疎外《そがい》を、知恵を体得することによって脱構築することを池田氏は主張しているのだ。脱構築の方法について、池田氏はさらに踏み込んでこう述べる。

真実の学問とは、詮ずるところ、この自己への〝知〟にある。創価大学が目指す学問、教育の理想も、ここにあるといってよい。〝力〟への学問においては、優れた大学や研究機関が世界に数えきれないほどあるでありましょう。だが、それらは人間に何をもたらしたか。それは惨憺《さんたん》たる現代文明の虚像ではなかったかとも、みえるのであります。

諸君の使命は、あらゆる〝力〟を人間の幸福と平和のために使いこなす〝知恵〟を、身につけることにあると言いたいのであります。それは「汝自身」を知り、それに結びついた形で、学問を究めることであります。それが自分に、すなわち人間にとってどういう関係にあるか——すべてをここに引き戻して知識、技術、芸術の再編成をするとともに、新たな人類の蘇生を、もたらしていただきたいのであります。

その着実な作業の積み重ねのかなたに、人類文化の偉大なるルネサンスがあることを確信し、諸君の成長を、心より祈ってやまないものであります。〔前掲書九八頁〕

＊＊＊創造的生命をつかむための方法

中世に「総合知《そうごうち》に対立する博識《はくしき》」という格言《かくげん》がある。断片的な情報や知識だけを大量に持っている博識な人であっても、それが体系立てられていないならば、神について知ることはできないという意味だ。池田氏が創大生に求めている知恵は、中世神学で言う総合知と親和的だ。

フランスの著名な文化人であり、歴史家であるルネ・ユイグ氏も、過日の東大での講演で、次のように述べている。このユイグ博士とは、あす〔一九七四年四月〕十九日〕夕刻、お会いする予定になっておりますが、その講演「自然と芸術における形態と力」というテーマの中で一部分を要約しますと、「現在の危機は文明の危機であり、物質化への危機である。人間の文化の欠点は、それがそれぞれの分野に分けられてしまい、全体というものを見失っている。私は人類の文化は唯一不可分のものと考える。また、知識人は自己の力と知識のすべてをあげて、文明のために尽くさなければいけないと考える。今日の危機は社会的危機、政治的危機よりもより根本的な文明の危機というべきものである」という意味の警告の論調を展開しておられました。

ここで二十一世紀に羽ばたくであろう諸君に、私は私の友愛の情を込めつつ、若干、付言しておきたい。

私は同じく昨年、本大学において〝創造的人間を目指すように〟ということを、要望してまいりました。そのことに関連して「創造的生命」という点に、言及したいのでありま す。何も私は、難しい哲学の解説をするつもりはありません。そしてまた、一般的定義づけをしようという考えも、毛頭ありません。

ただ私は、諸君に、この長い貴い人生にあって、敗北の影のある、暗い人生の旅行者になってもらいたくない。私自身の体験のうえから〝諸君の前途に栄光あれ〟と願いつつ、一つの示唆として、お話するわけであります。〔前掲書九八〜九九頁〕

創造的生命の奥義《おうぎ》をつかみ、価値創造的に生きる人は、常に前を見て進むのである。池田氏にとって、真理は具体的である。創造的生命をつかむための方法について、こう述べている。

私の胸にあふれてやまぬ〝創造〟という言葉の実感とは、自己の全存在をかけて、悔いなき仕事を続けたときの自己拡大の生命の勝ちどきであり、汗と涙の結晶作業以外の何物でもありません。〝創造的生命〟とは、そうした人生行動のたゆみなき錬磨のなかに浮かび上がる、生命のダイナミズムであろうかと、思うのであります。

そこには嵐もあろう、雨も強かろう、一時的な敗北の姿もあるかもしれない。しかし〝創造的生命〟は、それで敗北し去ることは決してない。やがて己れの胸中に懸かるであろう、さわやかな虹を知っているからであります。甘えや安逸には創造はありえない。愚痴や逃避は惰弱な一念の反映であり、生命本然の創造の方向を腐食させてしまうだけであります。創造の戦いを断念した生命の落ち行く先は、万物の〝生〟を破壊し尽くす奈落の底にほかなりません。

諸君は、断じて新たなる〝生〟を建設する行為を、一瞬だにもとどめてはならない。創造はきしむような重い生命の扉を開く、最も峻烈なる戦いそのものであり、最も至難な作業であるかもしれない。極言すれば、宇宙の神秘な扉を開くよりも「汝自身の生命の門戸」を開くことのほうが、より困難な作業、活動であります。

しかし、そこに人間としての証《あかし》がある。否、生あるものとしての真実の生きがいがあり、生き方がある。〝生〟を創造する歓喜を知らぬ人生ほど、寂しくはかないものはない。生物学的に直立し、理性と知性を発現し得たことのみが、人間であることの証明にはならない。創造的生命こそ、人間の人間たるゆえんであると思いますけれども、諸君どうだろうか（大拍手）。［前掲書一〇〇～一〇一頁］

＊＊＊

新たなる〝生〟を創り出す激闘

合理性を唯一の基準とする近代的学問の枠内で展開されている進化論では、人間の生命の神秘を解き明かすことはできない。生物としての人間、人間が持つ理性、知性をも創り出す根源にある創造的生命をつかみ、その価値観に基《もと》づいた実践を貫《つらぬ》くことを池田氏は訴えているのだ。この実践は、闘いの様相《ようそう》を帯《お》びてくる。

新たなる〝生〟を創《つく》り出す激闘のなかにこそ、初めて理性を導く輝ける英知も、宇宙まで貫き通す直観智の光も、襲いくる邪悪に挑戦する強靱な正義と意志力も、悩める者の痛みを引き受ける限りない心情も、そして宇宙本源の生命から湧き出す慈愛のエネルギーと融和して人々の生命を歓喜のリズムに染めなしつつ、脈打ってやまないものがあるからです。

逆境への挑戦を通して開かれたありとあらゆる生命の宝をみがき抜くにつれて、人間は初めて真の人間至高の道を歩み行くことができると、私は確信するのであります。故に、現代から未来にかけて〝創造的生命〟の持ち主こそが、歴史の流れの先端に立つことは疑いない、と私は思う。

この〝創造的生命〟の開花を、私はヒューマン・レボリューション、すなわち「人間革命」と呼びたい。これこそ諸君の今日の、そして生涯かけての課題なのであります。

最後に私は、十九世紀後半のフランスの作家であり詩人であるペギーが「教育の危機は、教育の危機ではなく、生命の危機なのだ」と叫んだ言葉を思い起こすのであります。現代の危機は、まさに学問、教育の内部にまで入り込んでいるところに、その深さがあるといってよい。

ゆえにまた、このことは、教育にこそ未来への突破口があることを物語るものであります。創価大学に私がかけているところのものも、そのためであります。

それでは諸君どうか楽しく有意義な四年間の出発でありますよう――。そして教授の諸先生方、また職員の方々、先輩の方々、本年入学された〝未来の宝〟をよろしく、と心よりお願い申し上げて、私の話を終わらせていただきます（大拍手）。〔前掲書一〇一～一〇二頁〕

創造的生命の開花とは、人間革命のことなのである。生涯を通して人間革命を実践することができる人材を育成することが創価大学の使命なのである。

第15章

史実に見る〝迫害〟の意味

1981年
創価大学
＊＊＊
「歴史と人物を考察――迫害と人生」

＊＊＊「迫害と人生」は目の前にある現実

池田大作氏は、一九八一年十月三十一日に創価大学中央体育館において、「歴史と人物を考察――迫害と人生」と題する第一一回創大祭記念講演を行っている。冒頭《ぼうとう》、池田氏は講演の意義についてこう述べる。

本日は、伝統の創大祭の意義を含めて、最近、常々私が考えている、歴史上、迫害に遭《あ》った人々がいかなる背景から迫害を受け、また、それをいかに勇敢《ゆうかん》に乗り越えていったかということを考えてみたいと思います。言うなれば「迫害と人生」とでも言えるでしょうか。芝生《しばふ》の上で秋の日射《ひざ》しをうけながら、五、六人の学生と語り合うような気持ちで思い付くままに語らせていただきます。

私は、十代の時に読んだある西洋の哲学者の「波浪は障害にあうごとに、その堅固《けんご》の度を増す」との格言が胸に迫り、大好きでありました。言うなれば、この格言を土台として、人生を歩んできたとも言えるかもしれません。〔『池田大作全集 第一巻 論文』聖教新聞社、一九八八年、四二六～四二七頁〕

現実の社会に正義と幸福を実現するために、創価学会員は常に戦っている。戦う創価学会員は、勝利への確信を抱《いだ》いている。それは、牧口常三郎初代会長、戸田城聖第二代会長、池田大作第三代会長が、国家権力による不当な迫害を戦いによって跳《は》ね返してきたという歴史があるからだ。三代会長の実践が、創価学会員の身体に刻み込まれている。池田氏は、〈芝生《しばふ》の上で秋の日射《ひざ》しをうけながら、五、六人の学生と語り合うような気持ちで〉と述べているが、これはまさに座談のスタイルで、信仰にとって最も重要な事柄を語るということを意味している。さらに池田氏は、「波浪は障害にあうごとに、その堅固《けんご》の度を増す」という格言を創大生に披露《ひろう》する。一九八一年という時代状況を踏まえて、池田氏の発言を解釈《かいしゃく》することが重要だと思う。一九七九年に第一次宗門事件が勃発《ぼっぱつ》した。宗門から「名誉会長を先生と呼んではならない」「聖教新聞に出してはならない」という不当な圧力がかけられていた。当時の状況に関する貴重な証言が聖教新聞に掲載されている。

35年前のきょう（編集部註＊一九八〇年一月）14日、一隻の客船が太平洋の荒波を越え、横浜港に着岸した。白亜の船体に鮮やかなオレンジ色の太陽のマークが輝く「さんふらわあ7」号である。四国4県の求道の同志1000人が、神奈川の池田名誉会長のもとに集ったのだ。

その当時、第1次宗門事件の障魔の嵐が吹き荒れていた。名誉会長が会長を辞任して半年余り。〝名誉会長を先生と呼んではならない〟〝聖教新聞に出してはならない〟――邪宗門からの圧迫は〝魂の絆〟の分断を狙っていた。

四国の友は〝池田先生（名誉会長）が動けないなら、私たちが行こう〟との思いで、神奈川の地を目指した。寒風の中、名誉会長は大桟橋まで尊き同志を出迎え、心からたたえたのだ。

聖教新聞紙上には、神奈川と四国の「交流幹部会」のみが報じられ、師弟の〝心の交流〟には触れられなかった。だが、「さんふらわあ7」号の同志の行動は、宗門事件からの〝反転攻勢〟への流れを変えた一つの転機となった。

名誉会長は後年、語った。

「ここから、私の四国への御恩返しの訪問の決意は、一日一日、限りなく深まっていった」

翌年には、四国で学会歌「紅の歌」が誕生。今日に至る世界広布の時代が、名誉会長の不惜身命の闘争によって大きく開かれていった。〔「聖教新聞」電子版二〇一五年一月十四日〕

一九八一年に池田氏がこの講演を行ったとき、池田氏にとって、そしてすべての創価学会員にとって、「迫害と人生」は抽象《ちゅうしょう》的な理論問題ではなく、今、目の前にある現実の問題だったのである。

＊＊＊「苦難こそ闇から暁への回転軸」

池田氏は、続けてこう述べる。

長い人生行路にあって、偉大なる作業をしていくためには、それなりの限界や絶望の時もあるかもしれないし、巨大なる幾多の障害もあるに違いない。その時こそ、いやまして、自らが逞《たくま》しく光り鍛《きた》えられていくことを、忘れてはならないと思います。多くの優れた伝記を残した、今世紀のオーストリアの有名な作家ツヴァイクは、次のように訴えております。

「だれか、かつて流罪《るざい》をたたえる歌をうたったものがいるだろうか？　嵐《あらし》のなかで人間を高め、きびしく強制された孤独のうちにあって、疲れた魂《たましい》の力をさらに新たな秩序のなかで集中させる、すなわち運命を創《つく》りだす力であるこの流罪を、うたったものがいるだろうか？　――自然のリズムは、こういう強制的な切れ目を欲する。それというのも、奈落《ならく》の底を知るものだけが生のすべてを認識するのであるから。つきはなされてみて初めて、人はその全突進力があたえられるのだ」〔『ジョセフ・フーシェ』山下肇訳〕と。

ツヴァイクはここで、釈尊、モーゼ、キリスト、マホメット、ルター等の宗教者、またダンテ、ミルトン、ベートーベン、セルバンテス（スペインの作家で『ドン・キホーテ』の著者）等の芸術家の例をとり、流罪や迫害が、いかに彼らの「創造的天才」を育てる沃土《よくど》となっていったかを述べております。誠に苦難こそ、人間の人生や運命を、闇《やみ》から暁《あかつき》へ、また混沌《こんとん》から秩序へ、破壊から建設へと飛躍させいく回転軸であったのであります。私はここで、自分なりの立場から古今東西の歴史を俯瞰《ふかん》しながら何人かの人物にスポットを当て、人生における迫害や流罪の持つ意義を、時間の都合上、簡潔《かんけつ》に探《さぐ》ってみたいと思うのであります。

〔前掲書、『池田大作全集　第一巻　論文』四二七〜四二八頁〕

池田氏は、わが国の迫害史を語るにおいて、菅原道真《すがわらのみちざね》を基点《きてん》とする。

まず初めに、我が国の歴史に目を向けてみたい。それは学問深く文雅《ぶんが》の才に富んだ菅原道真《みちざね》であります。彼は右大臣にまでなった特筆すべき学者であります。父祖三代の学者の家に生まれ、その天稟《てんぴん》の才能は鋭く開花し、藤原氏盛期の平安期に群臣の上首に並ぶことは、異例の栄進でありました。

左大臣兼左大将の藤原時平とともに、道真は右大臣兼右大将となり、更にその当時の最高の位であった従二位に進み、まさに位人臣を極めようとした時、突如、急転直下、九州の大宰府《だざいふ》へ左遷《させん》されたことは有名な史実であります。

これは明らかに藤原時平らの讒言《ざんげん》によってこうむった冤罪《えんざい》でありました。道真は、当時の最大の権力者であった藤原氏の常套《じょうとう》手段であるライバル排斥《はいせき》の一つの犠牲《ぎせい》者になったわけであります。時に道真五十七歳。その冬、道中の国々から食料も馬も給与することを禁じられた長途《ちょうと》の旅は、さぞかしつらかったに違いないと思われます。

現在の九州・福岡県、すなわち当時の筑紫《つくし》への下向《げこう》にあたり、道真が我が家の梅の樹に向かって「東風《こち》吹かば匂《におひ》おこせよ梅の花　あるじなしとて春を忘るな」と詠《よ》んだ和歌はあまりにも有名である。彼は無実の罪を晴らすこともできないままに、筑紫の配流《はいる》の地で五十九歳の生涯を閉じた。しかしこの讒言《ざんげん》による冤罪《えんざい》によって、菅原道真の名は、後世に不滅の光を放って残されていることは、皆さまご存じのとおりであります。

彼の、晩年の悲劇の模様とは逆に、彼の学識と文才に多くの人々がいよいよ敬慕《けいぼ》の念を深めていったことは事実であります。彼の学問、彼の詩文、彼の書、彼は最大の歴史家と謳《うた》われ、また歌人と謳われ、江戸時代の寺子屋教室においては、津々浦々に彼の名声が語り継がれていったのであります。「通りゃんせ、通りゃんせ、ここはどこの細道じゃ」とのわらべ唄《うた》にまで歌われてきたとおり、その名はとどろきわたり残されていったのであります。〔前掲書四二八〜四二九頁〕

池田氏は、〈晩年の悲劇の模様とは逆に、彼の学識と文才に多くの人々がいよいよ敬慕《けいぼ》の念を深めていった〉事実を強調する。これと類比的な出来事が池田氏にも生じた。第一次、第二次の宗門事件の間、池田氏は、SGI（創価学会インタナショナル）会長として、世界的規模での広宣流布を精力的に行うようになった。また一九八三年からは、SGIの創立記念日にあたる一月二十六日に、池田SGI会長による「平和提言」が発表されるようになった。〈仏法の人間主義の立場から、平和や軍縮、環境や教育などの地球的な課題に幅広く言及した提言は、世界各国の指導者・識者からも注目を集め〉〔創価学会公式サイト〕ている。

＊＊＊追体験で反転攻勢のエネルギーを蓄える

池田氏は、梅原猛《うめはらたけし》氏の柿本人麻呂《かきのもとのひとまろ》研究を踏《ふ》まえ、こう述べる。

中世になると、菅原道真は、柿本人麻呂《かきのもとのひとまろ》、山部赤人《やまべのあかひと》と並んで和歌の三神とまで呼ばれるようになりましたが、この柿本人麻呂についても、梅原猛氏は誠に独創的な新しい仮説を立てておられるのが、私には興味深く思えるのであります。

この『万葉集』を代表する歌人である人麻呂も、晩年は、現在の島根県へ流罪にあって刑死したという新説なのであります。当時は律令《りつりょう》がやっと制定され、厳しい法治社会が実現しつつあった。そこで権力者の意のままにならぬ人間は、どしどし流罪になっていったようでありますが、かの柿本人麻呂も、島根・石見《いわみ》の国へ流されて一生を終えたのではないか、というのであります。

我が国最大の詩人であり、我が国第一の歌人であり、その歌いし歌は雄大にして荘重《そうちょう》な調べを残した「ますらおぶり」の代表者である人麻呂でさえも、このように時代から突き放されていったことが、悲しくも浮き彫りにされてくるのであります。〔前掲書、『池田大作全集第一巻　論文』四二九～四三〇頁〕

人麻呂の無念な思いを追体験することにより、池田氏は、反転攻勢のエネルギーを蓄《たくわ》えているのだ。

続けて、池田氏は、幕末の頼山陽《らいさんよう》と吉田松陰《よしだしょういん》について言及する。

時代は下って、明治維新の夜明けを作り上げた二人の人物、頼山陽《らいさんよう》と吉田松陰《しょういん》について、少々述べたいと思います。

今から百年前に、日本の最大の文豪はだれかと問われれば、当時の人々は、ほとんどが頼山陽と答えた、とも言われています。「鞭声粛々《べんせいしゅくしゅく》　夜河をわたる……遺恨《いこん》なり十年一剣を磨《みが》き……」と川中島における上杉謙信の心境を詠《よ》んだ頼山陽の詩などは特に有名でありますが、『日本外史』二十二巻は、江戸時代の後期、明治維新の革命を推進しゆく大きな力となったともいえるのであります。

この明治維新の世代にとって革命の書であった大著の原形は、頼山陽が脱藩《だっぱん》の罰のため、二十一歳から三年の間、一室に監禁《かんきん》されていた時にできたものであります。源平の勃興《ぼっこう》より徳川家光あたりまでの、武将の盛衰興亡《せいすいこうぼう》を、簡潔《かんけつ》にして平明に、誠に名文で描いた『日本外史』は、座敷牢《ざしきろう》の幽閉《ゆうへい》生活から誕生したわけであります。自由を拘束《こうそく》された狭い空間で、人生を見つめる機会にあったのか、頼山陽の筆は躍《おど》ったようであります。

山陽が、晩年、喀血《かっけつ》して死の床に臥《ふ》してからも、門人を動員し、阿修羅《あしゅら》のような勢いで著作に取り組んだことも事実であります。頼山陽のような人物にとっては、幽閉という苦難の事実も、病魔といえども、また死魔といえども、すべてを発奮の発条《ばね》として、少しも

障害とはならなかったようであります。〔前掲書四三〇頁〕

頼山陽は、一室に監禁《かんきん》されている状況を生かして『日本外史』を書いた。池田氏も、文筆活動によって、宗門と最終的に訣別《けつべつ》していく理論的、実践的な準備を八〇年代に静かに行っていくのである。

＊＊＊逆境の解決には師弟関係が不可欠

池田氏は吉田松陰についてこう述べる。

吉田松陰もまた、迫害と逆境の連続のなかにあって、常に自らの信条に生き、先覚の道を切り開いていった、頼山陽とほぼ同時期の思想家であり、革命家であります。彼の三十年に満たないその短き人生は、安政の大獄に連座殉難《じゅんなん》して惜しくも終わりましたが、その文字通り死を賭《と》しての姿を多くの弟子門下に植え付け、その思想は確実に継承されていったのであります。

彼の少年時代より鍛《きた》え上げられた学問的風格は、やがての獄中生活、また幽閉《ゆうへい》生活で、いよいよ磨《みが》かれていったのであります。松陰自身が書いた『野山獄読書記』によると、一年二カ月の獄中での読書は六百冊ということであります。しかも、ただ通読するというのではなく、丁寧《ていねい》に抜き書きをし、所感も記入しての読書であります。

時代の課題に、鋭《するど》く常に対決し、ついには死という松陰自身の〝実物教育〟によって、松陰門下は、いかに生きるべきかを深く理解していったといえるのであります。〔前掲書四三二頁〕

ここで強調されているのは師弟関係の重要性だ。この講演を聴いている創大生に対して、池田氏は、逆境を切り抜けるには、正しい師弟関係を構築することが不可欠であると吉田松陰との類比で述べているのだと思う。

現在でも山口県萩市内に、彼の入った野山獄という名の遺跡《いせき》があります。この野山獄内でのエピソードとなりますが、ともにいた囚人十一人を自然に感化、教育し、獄中問答すなわち獄中座談会、更に獄中読書会や獄中講義を進めながら、絶望の空気からそれらの囚人達を解放させたりしています。それは松陰の人格とヒューマニストとしての人間愛からほとばしる境涯であったことが、うかがえるのであります。なお獄吏《ごくり》も、その子息も、ともどもに廊下《ろうか》で松陰の獄中講話を拝聴《はいちょう》するようになったとまで言われております。

松陰の理不尽な刑死を知った門下生の憤恨《ふんこん》がいかに筆舌に尽くせないものであったかは察するに余りあります。松陰門下の双璧《そうへき》であったその一人、高杉晋作《しんさく》は「実に私共も師弟の交を結び候程の事ゆえ、仇を報い候はでは安心仕らず候」と決意した。またその一人、久坂玄瑞《げんずい》は「先師の非命を悲しむこと無益なり、先師の志を墜《おと》さぬ様肝要なり」と述べている。事実、やがてこれら青年門下生は松陰の遺志を継ぎ、獅子《しし》奮迅《ふんじん》の戦いを始めて、明治維新へと時代は大きく回転していったことは、皆さまご存じのとおりであります。〔前掲書四三一～四三二頁〕

師弟不二の決意をもって、松陰の門下生が獅子奮闘の戦いを始め、明治維新という時代の大転換をもたらした歴史を学ぶことの重要性を、ここで池田氏は訴えている。

＊＊＊「一歩後退、二歩前進」の戦略

創価学会は、池田氏の指導によって、世界宗教としての基盤を整えた。創価学会の出現によって、仏教は、アジア地域という地理的限界を超えて、真の意味での世界宗教となったのである。

創価学会が世界宗教になるためには、宗門の軛《くびき》を脱《だつ》する必要があった。それは、キリスト教が世界宗教となるにあたって、ユダヤ教という宗門の軛から脱する必要があったことと類比的である。池田氏が創価大学で行った「歴史と人物を考察――迫害と人生」も創価学会が世界宗教となっていくプロセスとして読み解いていくと、この講演が持つ歴史的意義が明らかになる。この講演は、一九七七年頃から起きた第一次宗門事件との文脈でとらえる必要がある。第一次宗門事件について、創価学会教学部は、以下の総括をしている。

学会が世界広宣流布に大きく飛躍していくなか、昭和52年（1977年）ごろから、宗門の末寺等で、僧による理不尽な学会批判が繰り返されました。第1次宗門事件です。

そこには、反逆者が僧と結託し、広宣流布の指導者である池田先生と会員の師弟の絆を分断し、学会を自在に操ろうとする謀略がありました。

池田先生は、その攻撃から会員を守り、僧俗和合を図ることができるならと、昭和54年（1979年）4月、会長を辞任して名誉会長となり、事態の収拾に努めました。〔創価学会教学部編『教学入門』聖教新聞社、二〇一五年、三〇〇頁〕

池田氏の行動の特徴は、常に最終的な勝利によって裏付けられている。それだから、大胆《だいたん》な妥《だ》協《きょう》を行うことができるのだ。第一次宗門事件で池田氏が、創価学会会長を辞任し、名誉会長となることで、事態《じたい》の収拾《しゅうしゅう》につとめたのは、まさに「一歩後退、二歩前進」という戦略に基《もと》づいてのことである。池田氏は、創価学会の未来を担《にな》う創大生を前に、まさに今、池田氏が直面している「迫害と人生」について語っているのである。池田氏は、中国の古典を題材にして、迫害が持つ弁証法的構造を明らかにする。まず、池田氏は『史記』に記《しる》された屈原《くつげん》の事例を取り上げ、こう述べる。

ここで、国をかえて、中国におきましては、いわゆる二千数百年前の戦国時代、楚《そ》の国に屈原《くつげん》という詩人がおりました。この屈原という詩人は、楚の国の懐王という君主に仕えておりました。大変に有能な人で、司馬遷《しばせん》の著《あらわ》した『史記』という本の中に、かの屈原のことについて「博聞強記で、治乱の事蹟《じせき》に通じ、文辞に習熟していた」[野口定男訳]と述べられております。

この時代は、今から二千数百年前の中国のことであり、当時の中国は中原鹿を逐う乱世であり、いわゆる弱肉強食の社会であったわけであります。揚子江《ようすこう》つまり長江中流一帯を有した楚の国に対し、西北には秦《しん》という大国があった。その大国より楚の国は、いつも脅《おびや》かされていたのであります。そこで屈原は、楚の国の将来の安泰《あんたい》のために山東方面を有していた斉国との親交を鋭《するど》く説いてきたが、その進言は、ついに容《い》れられなかったのであります。その反対に楚《そ》の国は屈原の進言に反して秦《しん》の国に接近してしまったのであります。それればかりか阿諛諂佞《あゆてんねい》の側近の讒言《ざんげん》にのせられてしまった懐王は、賢者である屈原を追放してしまったのであります。〔前掲書、『池田大作全集 第一巻 論文』四三二～四三三頁〕

「阿諛諂佞《あゆてんねい》の側近の讒言《ざんげん》」によって、池田氏と創価学会員の師弟関係を破壊しようとする謀略《ぼうりゃく》があった。以下に記されている屈原の叫びは、池田氏の叫びでもある。

しかし屈原は、君主を想《おも》い、国を想うあまり、血涙を流しながら「離騒」という圧巻の詩を書いたのであります。この離騒という意義は〝憂《うれ》いに罹《かか》る〟という意味で、自分自身の痛恨《つうこん》の想いで、後世に残していったものであります。すなわち、この屈原の叫びは「心を屈して　志をおさえ　追放のとがめを忍《しの》んで　恥《はじ》に耐えよう　清廉潔白《せいれんけっぱく》を守り　正義に殉《じゅん》ずることこそ　古《いにしえ》の聖人の深く教えたもうところなり」とあります。

楚の国の運命は、屈原が心配したとおり、懐王は、欺《だま》されて秦の国で死去している。その懐王の位を継いだ長子も忠義の士である屈原の心を侮辱《ぶじょく》して更に屈原を追放してしまったのであります。事ここにいたり、楚の国を去って他の国の英明な君主に仕えることを潔《いさぎよ》しとせず、屈原は楚の国の滅亡を予言しつつ川に身を投げたのであります。こうして信念に殉《じゅん》じた予見の士・屈原が没して五年たらずして、果たせるかな秦の国の大軍が南下し、楚の国はついに滅亡してしまったのであります。

「余が心の善《よ》しとする所　九たび死すといえども　猶未《なおいま》だ悔《く》いず」——愛国の詩人・屈原は自らの詩に、こう歌っております。つまり自分が追放されたのは、自分が善《よ》しと信じたことによるのであり、その信念の生き方によって、たとえどのような迫害にあい、たとえ九たび死のうとも、悔いることは断じてないというのであります。〔前掲書四三三頁〕

「余が心の善《よ》しとする所　九たび死すといえども　猶未《なおいま》だ悔《く》いず」という屈原の言葉は、正しい信仰を持ち、師弟不二の関係を根本に据《す》える創価学会員の琴線《きんせん》に触《ふ》れる。

＊＊＊「志」のために屈辱を忍ぶ

さらに池田氏は、屈原に関する記録を残した司馬遷《しばせん》について、こう述べる。

また中国にあって最大の歴史書といわれる『史記』の作者である司馬遷《しばせん》もまた、逆巻《さかま》くような逆境のさなかで、ひとたび決めた志《こころざし》を貫き通した人であります。

漢の武帝のころ、彼は父祖伝来の、記録係と天文官を兼ねた太史令という職にあった。当時の中国は、北方の蛮族《ばんぞく》ともいえましょうか、匈奴《きょうど》の征伐《せいばつ》のためにたびたび出撃していたのであります。そういう時に漢の一将軍であった李陵《りりょう》という人が、勇戦むなしく孤立無援《こりつむえん》に陥《おちい》ってしまった。最後には敵の軍門に降《くだ》ったわけであります。きのうまでは、この勇将である李陵の戦いをさんざんほめていた宮中の居並ぶ位官達は、手の裏を返すように、今度は彼をさんざん非難していったのであります。

人の心は、移り変わりやすく、いつの時代でも恐ろしいものであります。よきときは付きながら悪《あ》しき気流が始まると非難したり、去っていくものであります。それはかりではなく卑劣《ひれつ》きわまる反逆をなすものであります。それはそれとして、そのような激変の最中にあって、司馬遷ひとりが、わずかな軍勢を率《ひき》いて匈奴《きょうど》の大軍を悩まし続けてきた李陵の奮戦《ふんせん》を弁護したのであります。そこで彼、司馬遷は武帝の怒りにふれ、投獄されたうえ、その身は宮刑に処せられてしまったのであります。

宮刑というのは別名腐刑《ふけい》ともいわれまして、男子にとって最も屈辱《くつじょく》的な刑罰だったのでありまます。司馬遷自身、友人への手紙の中で「自分は自殺すべきであったかもしれないが、志を完成させるため、屈辱をしのんで生き延びた」と書いております。その「志」こそ、父から託された『史記』の完成にあったのであります。そして残る人生のすべてを費《つい》やして、中国史上に冠《かん》たるこの大業を成し遂げるのであります。〔前掲書四三四〜四三五頁〕

自殺することよりも、屈辱《くつじょく》を忍んで生き延《の》びる方がはるかに難しい。司馬遷は、二つの選択肢のうち、より難しい道を選んだのである。第一次宗門事件において、池田氏も屈辱を忍んで、宗門に対して一時的な妥協をした。それは、池田氏が勝利への強い確信を持っていたからである。司馬遷も、歴史において勝利するのは、正義を貫《つらぬ》いた己《おのれ》であるということを確信していた。それだから、宮刑という屈辱を耐え忍ぶことができたのである。

＊＊＊「抵抗するな、屈服するな」

池田氏は、司馬遷の書いた『史記』の特徴についてこう述べる。

『史記』の中には、有名な「天道是か非か」の文が記《しる》されております。正義が滅び悪がはびこる世の中で、もし「天道」なるものがあるとすれば是なのか非なのか——。これは、我が身に照らしての司馬遷の痛憤《つうふん》の問いかけでありました。彼はこの痛憤のなかでただむなしく悲哀に明け暮れているのではなく、それを発条《ばね》として『史記』の著作に没頭《ぼっとう》していったのであります。『史記』が他の中国の史書と異なり、没落した人や悲劇の人に温かい共感を示しているのも、著者自身の過酷《かこく》な体験、ツヴァイクの言葉を借りれば「奈落《ならく》の底を知ったもの」だけが持つ人間洞察《どうさつ》の深さであるように、私には思えてなりません。〔前掲書四三五頁〕

池田氏も、大阪事件、言論問題、二次にわたる宗門事件によって「奈落《ならく》の底を知った」のである。池田氏は、自らが直面している迫害を、イギリスの帝国主義支配から非暴力不服従《ふふくじゅう》運動によってインドを独立させたマハトマ・ガンジーに引き寄せて理解する。

話をインドに移させていただきます。そこでまず述べなければならない人は〝インド独立の父〟マハトマ・ガンジーであると思います。彼ほど迫害との戦いに終始した人は少ない、と思うからであります。ご存じのとおり、彼の一貫した思想は、「抵抗するな、屈服《くっぷく》するな」の非暴力主義として我々に知られております。彼の戦いの方途は、過酷《かこく》なイギリス植民地主義の鉄鎖《てっさ》を打ち破るための、良心のすべてをかけての選択でありました。

彼の一生は、逮捕と投獄《とうごく》、そして断食《だんじき》による抵抗の一生であった。戦いを開始する際、彼が「非協力は宗教的かつ厳密《げんみつ》な意味での道徳運動であるが、政府打倒をめざすもの」と宣言した時、既にイギリスの植民地政府の弾圧《だんあつ》と迫害の魔手が伸びることは必然の運命でありました。それを覚悟《かくご》のうえで独立闘争に乗り出したガンジーにとって、迫害こそ自らの信念を鍛《きた》えゆく格好の場であると、知っていたに違いありません。［前掲書四三五〜四三六頁］

第一次宗門事件が収拾した後も、宗門から創価学会に対する圧力が継続的にかけられた。それに対して、池田氏はまさに「抵抗するな、屈服《くっぷく》するな」という思想で対処したのである。これも池田氏が最終的な勝利を確信していたからと筆者は認識している。池田氏は、「善《よ》いことというものは、カタツムリの速度で動く」というガンジーの言葉を重視する。

私はガンジーの「善《よ》いことというものは、カタツムリの速度で動く」という言葉が非常に好きであります。人間の精神の力を信ずるがゆえに、彼は武力を用いて短兵急に事を解決する戦いを退け、粘《ねば》り強く民衆に訴え続けていったのであります。たしかにガンジーの戦いは「カタツムリの速度」であったかもしれませんが、迂遠《うえん》なようにもみえるが、物事の真実への解決の方途を、彼は知悉《ちしつ》していたと思われるのであります。

だからこそありとあらゆる迫害に一歩も退《ひ》かなかった彼は、インドの独立にも安住できなかったようであります。つまり念願かなっての、晴れの独立式典にも出席せず、彼はとどまることを知らず、ヒンズー、そしてイスラム教徒達の抗争が限りなく続きゆくカルカッタ（編集部註＊現在のコルカタ）の貧民街に、その老軀《ろうく》を見せているのであります。つまり迫害と闘争を繰り返しながら磨《みが》き抜かれたガンジーの生命は、常に民衆の解放を求めて、休むことを知らなかったのであります。そのガンジーの存在をアインシュタインは「二十世紀の奇蹟《きせき》」と称賛しておりますが、私も同感なのであります。〔前掲書四三六頁〕

＊＊＊迫害の下で蓄えたエネルギー

池田大作氏こそが、「二十世紀と二十一世紀の奇跡」を宗教界において切り開いた。そのことを可能にしたのは、宗門による迫害の下で池田氏が、古今東西の優《すぐ》れた知的遺産を吸収することによって、勝利に向けたエネルギーを蓄《たくわ》えていったからである。このときの知的営為《ちてきえいい》が、一九九一年に勃発した第二次宗門事件における創価学会の勝利に直結する。二〇一四年十一月三十日付「聖教新聞」は、社説で池田氏の第二次宗門事件が勃発《ぼっぱつ》する直前のエピソードについてこう記す。

第2次宗門事件が勃発《ぼっぱつ》する直前、池田名誉会長が「言論は永遠、権力は無常」と呼び掛けたエピソードがある。

中国の春秋《しゅんじゅう》時代。ある国の崔杼《さいちょ》という臣下《しんか》が王を殺し、最高権力者に成り上がった。その国の太史《たいし》（歴史を記《しる》す役人）は「崔杼、其《そ》の君《くん》を弑《しい》す」と書いた。「弑す」とは謀反《むほん》を意味する。「主君を殺した反逆者」という批判に怒った崔杼は、その太史を殺してしまう。

後《あと》を継《つ》いだのは殺された太史の弟たちだった。1人目の弟も2人目の弟も、兄と同じ言葉を書き、処刑された。3人目の弟も太史になり、彼もまた「崔杼、其の君を弑す」と書く。ついに崔杼は諦《あきら》め、「弑す」の一言は歴史に残った。実は命懸けの兄弟の話を聞き、地方に住む史官たちも「真実を残そう」と都に集まっていた〔『春秋左氏伝』〕。

「私も書く」「殺されても書く」。捨て身の言論人たちの一念が歴史を正した。名誉会長は訴《うった》える。「史官たちは勝った。殺された三人の兄弟も、万世に不朽《ふきゅう》の名を残した」「だれの目に敗北と見えようと、彼らは『魂《たましい》の勝利者』であった。やがて事実は後継《こうけい》の同志の手で見事に証明された。『真実の人』が『権威《けんい》の人』に勝ったのである」〔『池田大作全集』第75巻〕

史官たちにとっては「書く」ことが「生きる」ことだった。名誉会長が「言論戦」に言《げん》及《きゅう》する時、そこには常に「行動」の土台がある。

インド独立の父ガンジー。「歩きに歩いた『行動の人』であった。あたたかく民衆に語りかける『声の人』であった。と同時に、たゆみなく書き続ける『ペンの人』であった。彼は生涯で一千万語を書いたという。合計六年近くも過《す》ごした獄中《ごくちゅう》でもペンを手放さなかった」〔同第87巻〕

迫害の末、不滅の『神曲』を綴《つづ》ったダンテ。名誉会長は青年部に「青年もまた、一人のダンテにならねばならない」と語る。ペンと口《くち》と行動で「現実の中へ！、人間群の中へ！、時代の最前線へ！　と走りゆかねばならない。現実の中へ！――。これこそが、ダンテの一貫《いっかん》した精神であった」〔同第77巻〕と。

池田名誉会長は50年前の12月2日、沖縄で小説『人間革命』の執筆を始めた。『人間革命』こそ、戦争の現実を見定めた師弟による、大いなる闘争の記録である。12月2日を「文芸部の日」と定めた意義も、この一点にあろう。「現実の中へ！」。これを合言葉に、さらなる新しい言論の舞台を切り開きたい。

創大講演「迫害と人生」の内容は、第二次宗門事件における池田氏の戦いに着実に生かされている。この講演は、創価学会が宗門の軛を脱し、世界宗教に発展していく道しるべとして、歴史的意義を持つ。

＊＊＊目の前の迫害こそ幸福をつかむ契機

池田大作氏が、一九八一年十月に行った記念講演「歴史と人物を考察――迫害と人生」は、創価学会の勝利に向かっての試練《しれん》について述べた重要な戦略的演説である。当時、第一次宗門事件の影響で、池田氏の自由な発言や行動が認められていなかった。「聖教新聞」ですら、池田氏の活躍を十分に伝えることができなかった。これらはすべて、宗門による池田大作創価学会名誉会長並びに創価学会員全員に対する迫害によるものであった。池田氏は、この逆境を、創価学会が宗門から魂の自立を獲得《かくとく》し、世界宗教になるための準備期間として位置づけ、周到《しゅうとう》な準備を行った。

そこで重要になるのが、迫害の弁証法《べんしょうほう》的構造を押さえることである。仏法の縁起《えんぎ》観《かん》に基《もと》づくならば、今、目の前にある迫害の中に、将来の発展と幸福をつかむ契機があるのだ。そうした事例研究を、池田氏はヨーロッパの偉人について行う。まず池田氏は、『レ・ミゼラブル』で有名なビクトル・ユゴーを取りあげる。

また、フランスにおいてはレジスタンス運動で知られる歴史の示すように、その中から多くの人物が輩出しております。その一人として、〝民衆の詩人〟として、今なお世界の人々に親しまれているビクトル・ユゴーを選ぶことができるでしょう。ビクトルとは勝利の名である。いかなる迫害にも屈せず、百折不撓《ひゃくせつふとう》の魂を燃やしながら人間と庶民への賛歌をうたい、守り抜いた剛毅《ごうき》な人物といえるでありましょう。

彼ユゴーは、二十歳の若さで「ロマン派の驍将《ぎょうしょう》」と言われた詩人であった。更に一八四八年の二月革命の時には、かのユゴーは既に四十六歳になっていました。その年に彼は政治の場に登場していくのであります。そして、詩も小説も中断しきってひたすら政治に没《ぼっ》頭《とう》していくのであります。ここで彼は、貧困の解決と、教育権の独立と、自由民権の擁護《ようご》などのために火を吐《は》くような弁舌《べんぜつ》をもって戦った。フランス上院には、現在もその活躍を記念して、彼の座っていた議席に横顔を彫《ほ》った金の銘板《めいばん》がはめこまれているのを、本年六月、私も感慨深く見学したものであります。

しかし彼の理念と行動は、手練手管《てれんてくだ》に長《た》けた政界の容《い》れるところとならず次第に孤立していったのであります。五一年の議会でのナポレオン三世への弾劾《だんがい》演説を最後に、ついに亡命を余儀《よぎ》なくされてしまう。その時、彼は「喜びは、苦悩の大木にみのる果実である」とうたい、再びパリの地を踏むまで、亡命生活は実に十九年の長きにわたっているのであります。

しかし、その中にあってユゴーの闘魂《とうこん》は少しも衰えなかった。否、亡命の地で弁舌をペンに代えて、ますます盛んに燃え上がっていったのであります。ナポレオン三世の圧政を痛烈に批判、風刺《ふうし》した『小ナポレオン』『懲罰詩集《ちようばつししゅう》』、世界的な名著である『レ・ミゼラブル』等々、ユゴーの作品の大半は、この亡命期に生まれていったのであります。最後の小説『九十三年』の結構が練られたのもこの時期であります。

「人生は航海なり」と言ったユゴーの生涯は誠に逆巻《さかま》く怒濤《どとう》を乗り越え乗り越え、大いなる劇にも似《に》た振幅を描きながら、ただ前へ前へと進むことしか知らなかったのであります。彼が死して後大衆にたたえられながら国民的英雄としてその遺骸《いがい》はパンテオンに納められたのであります。その名の通り〝勝利の人〟になったのでありました。〔前掲書、『池田大作全集第一巻 論文』四三六〜四三八頁〕

ナポレオン三世の政治は、典型的なポピュリズムだった。貴族、工業者、商業者、地主、分割地農民にそれぞれ、財源の保証のない公約を提示し、当選した後はそれを無視した。また、ナポレオン三世は国民の民主的選挙で選ばれたが、同人は自分を選挙で即位した皇帝であるという増上慢《ぞうじょうまん》を抱き、民主的な議会を廃止し、独裁制を敷《し》いた。その結果、実際の政治は、ナポレオン三世が選んだ官僚によって行われるようになったのである。フランス社会は閉塞《へいそく》した。ユゴーは、自由、平等、友愛の理念にあくまで固執《こしつ》したので、亡命を余儀なくされたのである。池田氏は、ユゴーを追体験する過程で、ポピュリズムから生まれる独裁制に対して警鐘《けいしょう》を鳴らしている。

＊＊＊「弱い立場の人々への思いやり、優しさ」

池田氏が次に取りあげる抵抗者は、ジャン・ジャック・ルソーだ。

ユゴーの性格が剛毅《ごうき》で貫かれているとすれば、同じように迫害と亡命生活を送ったジャン・ジャック・ルソーは、どちらかといえば優《やさ》しさの人であったと、私はみたいのであります。

ルソーの哲学は〝二十世紀の予言者〟とまで言われているのであります。その先見性のゆえに、同時代のありとあらゆる思想家、哲学者、学者達をはるかに超えて〝フランス革命の生みの親〟とまで言われているのであります。私は、その先見性を支え、地下水のごとく流れているものこそ、人間、特に弱い立場の人々への思いやり、優しさであると思っております。

彼の書いた教育学や政治学、文学は、古典として、二百年たった今日もなお不滅の光を放っている。その代表作である『エミール』や『社会契約論』を見ても、徹底した自然や人間性への連環《れんかん》的な深き洞察《どうさつ》は見事であると言わざるを得ません。その優《やさ》しさゆえに、彼ルソーは、独断的なキリスト教哲学には誠に批判的となり、当時の教会や政治権力に対して、日増しに激しい攻撃を繰り返していったのであります。

ここで特筆すべきことは、一七六二年の四月に『社会契約論』を著《あらわ》し、その一カ月後には有名な『エミール』が相次いで出版されているということであります。しかしその結果、ルソーに逮捕状が出され、五年間という長い逃亡生活、亡命生活を強《し》いられていったのであります。更にまた、彼が愛し市民権を持っていたジュネーブの行政委員会では、この二つの著書を焚書《ふんしょ》(書籍を焼き捨てること。学問思想弾圧の手段)に処するという、誠に恐るべき決定さえなされていったのであります。

このようにしてルソーの晩年は、教会や権力に追われながらヨーロッパの各地を転々としていく、誠に不遇《ふぐう》な色に塗《ぬ》りつぶされていくのであります。思えばこれもまた、先駆者という宿命に負わされた栄光と嵐《あらし》の道程と言えるかもしれません。やがてフランス革命が起こると、ルソーの遺骸《いがい》もまた、国民的英雄として、のちにユゴーが眠った、かのパンテオンに改葬《かいそう》されたのであります。〔前掲書四三八～四三九頁〕

ここで言う、独断的なキリスト教哲学の役割を池田氏の周辺で果たしていたのは、独断的な宗門の教学だ。宗門によって、池田氏の著作を読むことに対する妨害《ぼうがい》が加えられた。この基本構造は焚書と同じである。ルソーの事例を研究する中で、池田氏は創価学会の教学を整備する必要について感じたのだと思う。

続いて、画家のポール・セザンヌを取りあげる。

続いて現代絵画の父と言われる、ポール・セザンヌの一生を考えてみたいと思います。彼はまさしく、世界の画壇史に輝きわたる歴史を打ち立てた人であります。しかし、その一生のほとんどは世間の無理解と嘲笑《ちょうしょう》と侮辱《ぶじょく》のなかで過ごしたといってよいでしょう。

彼セザンヌは、南仏の古都エクス・アン・プロバンスに生まれる。やがて、パリに出て絵を模索《もさく》し続けます。当時のパリは、新しき時代の潮流として官学派のアカデミズムに対抗する動きがあった。そこでセザンヌは、のちに、いわゆる印象派の先鞭《せんべん》を切りながら彼と心情をともにするモネやピサロ、ルノワールらと画論を交わしていくのであります。

やがて一八七四年には、第一回の印象主義展覧会が開かれた。セザンヌは三点を出品しております。しかし新聞報道はその絵を「錯乱《さくらん》によって動かされて描く狂人の絵」とまで酷評《こくひょう》したのであります。更に三年後、彼、セザンヌは今から振り返れば印象派の最高に開花した時期の展覧会に、十五点の絵を出品しております。しかし展覧会への非難は相変わらずであり、特にセザンヌの絵には、前より更に手ひどい嘲笑《ちょうしょう》が集まり、「ヴィクトル・ショケの肖像」については「狂人が狂人を描いたような絵である」とまで、毒を含んだ批評が書かれたのであります。

人一倍、感受性の強いセザンヌの心は深く傷つき、失意のなかにあって再び南仏の故郷に戻り、〝エクスの画家〟として頑固《がんこ》なまでに自己の芸術の精進《しょうじん》を続けとおしていったのであります。

彼は一九〇六年、六十七歳でこの世を去っていった。それも雨の中で、自らの絵を描き続けながら倒れていったのであります。

果たせるかなセザンヌの没後、パリではセザンヌの影響を深く受け継いだピカソなど立体派と呼ばれる世界的な画人達の動向が脚光《きゃっこう》を浴び、現代絵画の見事なる開花を迎えていったのであります。私も本年六月、彼の故郷であるエクスの町を訪《たず》ね、彼が描いたサン・ビクトワールの山を朝な夕な眺《なが》めながら、嘲笑《ちょうしょう》と罵声《ばせい》をしのびながら描き続けた彼の執念の姿が、懐かしく二重映しになったのであります。

ともあれ苦難の嵐《あらし》の中にあって、営々として一つの信念の道を歩みゆくことは、誠に容易なことではないと改めて痛感したものであります。〔前掲書四三九～四四一頁〕

セザンヌについては、歴史的に勝利することが決まっているので、その過程において苦難があるという、苦難の弁証法に関する池田氏の見解が示されている。池田氏は、これらすべての先人たちが受けた迫害を、現在、自分が宗門から受けている迫害とのアナロジー（類比）でとらえているのである。

＊＊＊「今こそ学べ、学べ、また学べ」

次に池田氏は、ソ連建国の父のウラジーミル・レーニンを取りあげる。

そこで私は最後に、今日の世界の形成に大いなる影響を与えた人物の一人、レーニンについても、語らざるを得ないと思うのであります。

彼、レーニンの兄は、皇帝（アレキサンドル三世）暗殺未遂者として死刑になっている。その弟という立場にあったことだけで、入学したばかりのカザン大学（タタール自治共和国の首都カザンにあり、十九世紀初めに創立）を放校処分となった。復学の願いもかなわない。彼の人生はこのように、まず前途に希望を見いだせない暗き青春期から始まったのであります。しかし彼は、放校処分に負けないで、朝から晩までむさぼるようにして集中的に本と取り組んでいったのであります。

その後、彼は革命運動に進んで逮捕《たいほ》される。そしてペテルブルグの獄窓《ごくそう》に一年二カ月、つながれたのであります。更に一八九七年の二月にはシベリアへ三年間の流刑の判決が下り出発している。その流刑地で一九〇〇年の一月まで過ごしたのであります。しかしレーニンは、その流刑地で、ロシア経済の分析を進め『ロシアにおける資本主義の発達』を著《あらわ》した。

この大著『ロシアにおける資本主義の発達』を読んだロシアの高名な歴史家、そして社会学者でもあるコヴァレーフスキーは、レーニンの大歴史家としての才能に驚いたようであります。

やがてレーニンは自らの目的であった革命を達成したが、いまだ残る旧勢力の反撃や他国の干渉《かんしょう》のなかで国内戦が打ち続き、最も厳しい時期を迎えていったのであります。産業は農業をはじめ、あらゆる面で壊滅状態となった。人々の間にも不安が出はじめ、未来への展望も苦しいものとなってきました。

しかし、レーニンは悠然《ゆうぜん》と、声を大にして青年に呼び掛けています。

「若い青年の最も重要な課題は、学習である」と――。レーニンという人物の偉さは、実は、私はここにあったとみるのであります。つまり、革命後の最も困難な時に、彼は青年にすべてを託《たく》し、期待し、「今こそ学べ、学べ、また学べ」と叫んだのであります。〔前掲書四四一～四四二頁〕

池田氏は、レーニンの共産主義革命には関心を払わない。逆境にあるレーニンが青年たちに「今こそ学べ、学べ、また学べ」と指導したことを披露する。これも類比的にとらえるべきだ。宗門から創価学会に対して不当な弾圧が加えられている。これを跳ね返し、創価学会を強化していく上で青年部、女子部、学生部などの若い力が決定的に重要なのである。レーニンは若い力を引き出すことに成功したので、ソ連国家が生き残ることができたのである。

＊＊＊〝迫害の構図〟こそ勝利への試練

迫害について総括し、池田氏はこう述べる。

ここで思えることは、これらの事実からみても、歴史的偉業は、決して平坦《へいたん》な道のりのうえに出来上がったものではない、ということであります。むしろ、迫害や苦難の悪気流を、半ば宿命づけられていったところに、想像を絶する歴史と、後世への奇跡ともいうべき記念塔が、振り返ってみると、立てられていることが、うかがえるのであります。

かの若き時代のニーチェは、歴史に残る記念碑的偉業を押し包みゆこうとする、こうした悪気流をこのように糾弾《きゅうだん》している。「鈍重な習慣が、卑小なものと低劣なものが世界の隅々《すみずみ》を満たし、重苦しい地上の空気としてすべての偉大なものを取り巻いてたちこめ、偉大なものが不死に向かって行くべき道の行くてに立ちふさがって、妨害し、たぶらかし、息をつまらせ、むせかえらせる」〔『ニーチェ全集』小倉志祥訳〕と。

私は、いわゆる〝英雄主義〟〝天才主義〟にくみするものでは決してありません。歴史的偉業といえども一人の手で成し遂げられるものでは絶対にない。多くの無名の民衆に支えられ包まれながら、支持されて成就するのが道理であると信じております。〔前掲書四四二～四四三頁〕

歴史において、指導者は極めて重要だ。しかし、指導者の〝英雄主義〟〝天才主義〟は危険であると池田氏は、考える。民衆という大地に根を張り、民衆に支持されている指導者が、ほんものの指導者なのである。

歴史的偉業というものは、どんなに偉大な個人の名が冠《かん》せられていようとも、民衆という大地に、しかと根を張っているものなのであります。だからこそ民衆の犠牲《ぎせい》のうえに君臨《くんりん》しゆく権力者やエリートは、野望と保身から発する、ドス黒いねたみと羨望《せんぼう》の炎《ほむら》に焼かれるのであります。彼らの地位や位がどうあれ、その心根ともいうべき本質を、ゲーテは「人間もほんとうに下等になると、ついに他人の不幸や失敗を喜ぶこと以外の関心をなくしてしまう」〔『ゲーテ全集』大山定一訳〕境涯にまで堕落《だらく》してしまっていると言っております。そこから民衆のリーダーに対して、迫害の嵐《あらし》が巻き起こるのは必然の理なのであります。「古きを温《たず》ねて新しきを知る」という諺《ことわざ》がありますが、こうした〝迫害の構図〟こそ、古今を通じて変わらぬ歴史の鉄則と私はみるのであります。〔前掲書四四三頁〕

迫害によって池田氏も創価学会も強くなっていくのである。〝迫害の構図〟こそが、まさに勝利に向かっての試練なのである。

これは私事にわたって誠に恐縮ですが、私も一仏法者として一庶民として、全くいわれなき中傷と迫害の連続でありました。しかし、僭越《せんえつ》ながらこの〝迫害の構図〟に照らしてみれば、迫害こそむしろ仏法者の誉《ほま》れであります。人生の最高の錦《にしき》であると思っております。後世の歴史は、必ずや事の真実を厳しく審判《しんぱん》していくであろうことを、この場をお借りして断言しておきます。

若き学徒の諸君にあっても、長いこれからの人生の旅路にあって、大なり小なり悔《くや》しい嵐の中を突き進んでいかねばならないことがあると思いますが、きょうの私の話が、その時の一つの糧《かて》となれば、望外の喜びであります。

どうかこの数日間、楽しい創大祭を送られますようお祈り申し上げ、私のつたない話を終わらせていただきます。〔前掲書四四三〜四四四頁〕

〈歴史は、必ずや事の真実を厳しく審判していくであろう〉という池田氏の予測は、創価学会が教義解釈を変更し、世界広宣流布を本格化するという形で、具体化されているのである。そして、創価学会は今後も勝利に勝利を重ねていくことになる。

存在論的平和主義について

本書は、池田大作氏が国内外で行った大学をはじめとする研究機関における講演を読み解いたものだ。ここでは、その内容を要約し、屋上屋《おくじょうおく》を重ねるような解説を付すようなことはせずに、池田氏の講演に表れている思想が現実にどう生きているかについて私の見方を記すことにする。

世界は、大きな激動の中にある。「イスラーム国」（ＩＳ）の台頭《たいとう》に表れた国際テロリズムの激化《げきか》、また、シリア情勢やウクライナ情勢に関連してアメリカとロシアの対立がかつてなく高まっている。

このような時代の中で正しく生きていく指針を得るためには、池田氏の著作を読み解くことが極めて重要になる。なぜなら、池田氏は、平和を構築することを至上価値として、社会的な実践を行っているからだ。この池田氏の思想が、創価学会のドクトリン（教義）に体現されている。池田氏にとって、真理は常に具体的だ。平和についても、抽象的な理論ではなく、いま、ここで平和を実現するために、一人ひとりが自らが置かれた状況で何を行うかがたいせつなのである。

そのことが、昨今のいわゆる集団的自衛権、安保関連法案をめぐる議論で問われた。創価学会と価値観を共有する公明党が頑張らなかったならば、日本が戦争に参加するハードルは著しく低くなってしまった。現実的に見た場合、公明党が平和を守ったのである。昨年（二〇一四年）七月一日の閣議決定の後、私は「公明新聞」の取材に対してこう述べた。

安全保障をめぐる今回の与党協議を見ていて、非常に重要だったことは、責任を持って政治に関与する連立与党の公明党がきちんと対応したことだ。

連立を離れてしまえば、格好のよいことはいくらでも言えただろう。しかし、影響は何も与えられなくなってしまう。そこで公明党は、安易な道ではなく、より厳しい道を選び、現実の中で「平和をどう担保《たんぽ》するか」に取り組んだ。そして、その結果は「公明党の圧勝」と言ってよい。それは閣議決定の全文を虚心坦懐《きょしんたんかい》に読めば分かることだ。

今回の問題は、個別的自衛権と警察権の範囲で全部処理できる内容だったと、私は考える。だから、外務省と内閣法制局の頭のよい官僚に「これと全く同じ内容を個別的自衛権で処理しろ」と言えば、見事に処理した文章を作ってきただろう。

その意味で、個別的自衛権の枠を超えることが一切ないという枠組みを、安倍首相の

「集団的自衛権という言葉を入れたい」というメンツを維持しながら実現したわけで、公明党としては、獲得すべきものは全部獲得したと、私は考えている。だから「公明党が苦しい言い訳をしている」などという指摘は、なぜ、そんな認識が出てくるのか不思議でならない。

実際に、私が知る外務省関係者やＯＢの間では、「これでは米国の期待に応えられないのではないか」と、今回の閣議決定に対する評価は高くない。むしろ集団的自衛権の行使を熱望していた人たちの野望を、今回の閣議決定で抑え込んだ形になっているというのが現実である。

例えば、ホルムズ海峡での機雷《きらい》除去に日本は参加できない。ここの国際航路帯はオマーンの領海内を通っており、そこを封鎖するため機雷を敷設《ふせつ》すれば、国際法上、直ちに宣戦布告となり、戦争状態の場所には自衛隊は行けないということになる。こうした個別のことを見ていけば、懸念された問題は一つ一つ公明党が除去したことになる。

だから「公明党は平和の党ではなくなった」とか、「首相に圧《お》されて公明党が折れた」などと言う人は、ちゃんと閣議決定の内容を読んでいるのだろうかと思ってしまう。むしろ、もし今回、創価学会を母体とし、平和という価値観を共有している公明党が連立与党に加わっていなかったならば、直ぐにでも戦争ができる閣議決定、体制になっていたのではないかと思う。首相が心の中でやりたいと考えたことがあり、もしかすると戦争につながる大変な危険があるかもしれないという状況の中で、公明党は理路整然と、しかも礼儀正しく押し止《とど》めたというのが、今回の事柄の本質だと、私は思っている。

「『平和の党』の看板に傷が付いた」などと悔しがることも全くない。むしろ、戦争がなく、平和が維持できるのならば、看板なんかボロボロに傷付いてもいいではないか。それが公明党の特長であり、誇りではないか、と私は言いたい。

正しい世界観と、正しい信念を持って一貫して行動し、今回も現実的に平和を担保したのだから、公明党の皆さんは、党員や支持者の方々も含めて、堂々と自信を持って進んでほしい。〔「公明新聞」二〇一四年七月六日〕

その後も公明党の姿勢は、一貫していた。安保関連法案の審議が本格化する前であるが、二〇一五年六月八日、ニッポン放送「高嶋ひでたけのあさラジ！」の特別番組（生放送）で、私は山口那津男公明党代表と対談した。その中で、こんなやりとりがあった。

山口◆法律の面でも現実の面でも、国際社会に合わせなきゃならないという圧力がとても強かったですね。しかし日本のような憲法、そして考え方をとっている国はほかにありませんので、そこを外してしまうと引きずられてしまう。ですから「これまでの日本の憲法の考え方、あくまで日本の憲法中心にいくのですよ。国際集団安全保障があったとしても、それは日本の憲法に合う部分はともにやってもいいけれど、憲法を捨てて国際的な流れに追随していくということはいけませんよ」ということをはっきり決めておくことが大事であると……。

佐藤◈これはいまも変わっていないわけですね。

山口◈はい、変わっていません。

佐藤◈ここは非常に重要です。（中略）あと、もう一つ、去年の七月二日の公明新聞に〈外国の防衛それ自体を目的とする、いわゆる集団的自衛権は今後とも認めない。憲法上、許される自衛の措置は自国防衛のみに限られる。いわば個別的自衛権に匹敵するような事態にのみ発動されるとの憲法上の歯止めをかけ、憲法の規範性を確保した〉とあります。このところもいまも変わっていないですね？

山口◈変わっていません。集団的自衛権というのは、あくまで国際法の考え方だと申し上げました。国際法からいくと、自分の国を守るためのものも、それから仲のいい他国を守るための武力行使も両方含まれているんですね。ですから両方含まれた概念でいま、集団的自衛権、集団的自衛権とレッテルを貼って非難をする人が各党にいますけれど、そうではない。日本の憲法の考え方はあくまで日本を守るために武力を使うことは許されている。その限界をきちんと決めましょうというのが私たちのアプローチです。他国を守るためだけに日本が武力を使うということ、その意味での集団的自衛権は認めませんということをはっきり申し上げて、安倍総理もそのことははっきりおっしゃっているわけです。

佐藤◆そこが大切なポイントだと思うのです。［佐藤優『90分でわかる日本の危機』扶桑社新書、二〇一五年、一二九〜一三〇頁］

その後の国会審議でも、山口代表を先頭にして、公明党所属の国会議員は実によく頑張った。今回、安保関連法が成立したからといって、明日、日本が戦争に巻き込まれるようになることはない。もっともこれで、日本の安保体制が飛躍的に強化されたということにもならない。外交・安全保障のプロの目からすれば、そのことは明白だが、マスメディアを通じてはその真実がなかなか伝わらない。

今回の事態は、二〇一四年七月一日の閣議決定を受け、政府が、新たな安保関連法の整備を行ったに過ぎない。具体的には、国際平和支援法という新法と一〇の既存の法律の一部改正を束ねた平和安全法制整備法（自衛隊法、国際平和協力法［PKO協力法］、重要影響事態安全確保法［周辺事態安全確保法を改正］、船舶検査活動法、事態対処法、米軍等行動関連措置法［米軍行動関連措置法を改正］、特定公共施設利用法、海上輸送規制法、捕虜取扱い法、国家安全保障会議設置法）が、二〇一五年七月十六日に衆議院本会議を、九月十九日に参議院本会議を通過した。九月三十日、政府は安保関連法を公布し、二〇一六年三月までに政令で施行日が決定されることになった。

従来の政府解釈では、自衛の措置として武力を行使できるのはわが国が直接攻撃を受けた場合に限られていた。しかし、二〇一四年七月一日の閣議決定によって、わが国が直接武力攻撃を受けなくても、わが国と密接な関係にある他国に対する武力攻撃が発生し、これによりわが国の存立が脅かされ、国民の生命、自由及び幸福追求の権利が根底から覆される明白な危険があり（存立危機事態）、これを排除し、わが国の存立を全うし、国民を守るために他に適当な手段がないときには、必要最小限度の実力行使が可能になった。そのために、日本の周辺地域だけでなく、世界のどこでも他国軍の後方支援が可能になった。さらに米国以外の軍隊でも、国連憲章の目的の達成に寄与する活動を行う外国の軍隊に対する後方支援も可能になった。また、従来は認められていなかった他国軍への弾薬提供や戦闘に向けて発進準備中の他国軍機への給油も可能になった。

ただし、このような行動を実現するには、厳重な縛りがかかっている。それは、連立与党の公明党が主張する(1)国際法上の正当性、(2)国民の理解と民主的統制、(3)自衛隊員の安全確保の三原則を自民党が受け入れて、安保関連法が成立したからだ。自衛隊派遣を実施する事態が実際に生じても、安保関連法の解釈については、政府・与党内でかなりの混乱が生じることが予想される。安保関連法の成立により、他国軍の後方支援のための自衛隊の派遣が従来よりも容易になったとは言えないのである。

私は今回の安保関連法については、消極的賛成論を取る。理由は、過去、自衛隊が行ったインド洋での給油やイラクでの後方支援は、くねくねした理屈で個別的自衛権で説明するよりも、集団的自衛権とした方が、国際法的に説得力があるからだ。ただし、安保関連法を手放しで支持できないのは、この法制を濫用して自衛隊を個別的自衛権と関係なしに地球の裏まで送ることを考えている外務官僚と自民党の国会議員がいるからだ。安保関連法の成立した直後、「公明新聞」の取材に対して、私はこう答えた。

——平和安全法制に対する評価は。

公明党の主張に沿って評価するならば百点満点だ。公明党は、今回の平和安全法制は、昨年7月1日の閣議決定から一歩も出ていないと言っている。昨年の閣議決定は、集団的自衛権と個別的自衛権が重なる範囲を明確にしたものだ。これで、なし崩《くず》し的に個別的自衛権の解釈を広げて、実は集団的自衛権の範囲に大幅に踏み込んで活動する、といったことはできなくなった。

また、日本の防衛に必要な活動は問題なくできるのだから、憲法9条を改正する必要もなくなった。

一方で、今回の法制度は、人によって異なる解釈ができる余地がある。だから、法整備で終わり、ではなく、いかに昨年の閣議決定の趣旨を守って運用するかが重要になる。

――法制度の運用面で注意すべきことは。

例えば今の政権はホルムズ海峡の機雷《きらい》除去に意欲を示す向きがあったが、それが現実的ではない、との答弁を引き出したのは、14日の山口那津男代表の委員会質問だ。通常、与党の議員から政権の勇《いさ》み足をただすような質問が出されることは想定されない。だが、現実に平和を維持するためには、大規模なデモを繰《く》り返すよりも、こうした着実な取り組みで懸念を一つ一つ払《ふっ》しょくしていくことのほうが、よほど力になる。

時に権力者は、実証性と客観性を欠いて、自分が望むように世の中を解釈しようとすることがある。だが、公明党には、人間主義と平和主義の信念に基づく確かなリアリズム（現実主義）と論理の力がある。公明党が今後やらなければならないことは、安全保障上の具体的な問題が出たときに、現実に即して客観的かつ論理的に考え、そして昨年の閣議決定に照らして安保法制を解釈して、平和を守っていくことだ。

――公明党の役割について。

昨年からの安全保障論議の中で、公明党の立ち位置は変化している。これまで、公明党は社会福祉、教育などの面で評価されてきたが、安全保障政策の主要な意思決定権者だとは言えなかった。しかし、昨年からは、重要な決定権者の一員になっており、国の中枢《ちゅうすう》に与える影響力がますます強まっている。そこを過小評価しないことが重要だ。

私が理解する限り、公明党は、存在論的平和主義だ。つまり、公明党は、平和を創《つく》るために生まれ、平和を守るために活動し続ける存在だ。公明党は、現実の政治の場で、しっかりとその責務を果たしている。今後もしっかりと公明党を支持していくことが、そのまま現実の平和を維持することにつながる。

民主党は表面上、集団的自衛権に激しく反対しているが、本心では大半の人が集団的自衛権に賛成だ。反対は政局的な観点からだ。公明党は、その人間主義と平和主義の価値観に基づいて、日本国憲法で認められる個別的自衛権の範囲を超えた、いわゆるフルスペックの集団的自衛権に反対している。だから公明党は信頼できる。〔「公明新聞」二〇一五年九月二十五日〕

公明党の存在論的平和主義の基盤には、池田氏の思想がある。フルスペックの集団的自衛権を望む人々からすれば、今回採択された安保関連法は「欠損品」である。創価学会の存在論的平和主義を体現した政治の専門家集団である公明党は、このような法律ならば成立しても、二〇一四年七月一日の閣議決定のラインは守られると考え、個別の法案の文言について、あえて厳密に詰めずに、玉虫色の箇所を残すという妥協策を取ったのだと思う。政治の世界では、常に取引や妥協が必要とされる。憲法で定められた個別的自衛権を超える集団的自衛権の行使はないという根本を押さえたという点で公明党は勝利した。ただし、現実の政治力学を考慮するとそのことを、あからさまに表現することは差し控えなくてはならないというところなのだろう。難しい戦いに勝利したときは、「われわれは勝利した」と軽々に語ることができないのだ。

本書の刊行にあたっては、潮出版社の幅武志氏、末永英智氏にお世話になりました。どうもありがとうございます。

二〇一五年十月六日、曙橋(東京都新宿区)の自宅にて

佐藤優

本書は、総合月刊誌『潮』二〇一三年十月号から二〇一五年十一月号まで連載された「新時代への創造――『池田大作　大学講演』を読み解く」を加筆・修正したものです。

佐藤優
さとう・まさる

1960年東京都生まれ。

同志社大学大学院神学研究科修了後、専門職員として外務省に入省。

英国の陸軍語学学校でロシア語を学び、在ロシア日本国大使館に勤務。

帰国後、外務省国際情報局で主任分析官として活躍。

2002年、背任と偽計業務妨害容疑で逮捕、起訴され、09年6月執行猶予付き有罪確定。

13年6月執行猶予期間満了、刑が効力を失った。

著書に、新潮ドキュメント賞、大宅壮一ノンフィクション賞を受賞した『自壊する帝国』、
毎日出版文化賞特別賞を受賞した『国家の罠——外務省のラスプーチンと呼ばれて』、

『地球時代の哲学——池田・トインビー対談を読み解く』『創価学会と平和主義』など、多数がある。

雑誌、週刊誌の連載も多い。

「池田大作 大学講演」を読み解く
世界宗教の条件

２０１５年11月18日 初版発行
２０１９年11月18日 ４刷発行

著者◆
佐藤優

発行者◆
南晋三

発行所◆
株式会社 潮出版社
〒１０２-８１１０東京都千代田区一番町６ 一番町ＳＱＵＡＲＥ
電話◆０３-３２３０-０７８１〔編集〕 ０３-３２３０-０７４１〔営業〕 振込口座◆００１５０-５-６１０９０

印刷・製本◆
中央精版印刷株式会社

装幀◆日下充典
本文デザイン◆ＫＵＳＡＫＡＨＯＵＳＥ

ISBN978-4-267-02036-0

www.usio.co.jp